YANAN SHIQI
ZHULIU YISHIXINGTAI HUAYUQUAN GOUJIAN DE
LISHIJINGYAN YU LUOJI YANJIU

延安时期
主流意识形态话语权构建的历史经验与逻辑研究

伍云亮 | 著

陕西新华出版
陕西人民出版社

图书在版编目(CIP)数据

延安时期主流意识形态话语权构建的历史经验与逻辑研究 / 伍云亮著. — 西安：陕西人民出版社，2023.12
ISBN 978-7-224-15052-0

Ⅰ.①延… Ⅱ.①伍… Ⅲ.①社会意识形态－研究－中国－1935-1948 Ⅳ.①D092.6

中国国家版本馆 CIP 数据核字(2023)第 220353 号

责任编辑：张　现　张启阳
封面设计：白明娟

延安时期主流意识形态话语权构建的历史经验与逻辑研究

作　　者	伍云亮
出版发行	陕西人民出版社
	（西安市北大街 147 号　邮编：710003）
印　　刷	广东虎彩云印刷有限公司
开　　本	787 毫米×1092 毫米　1/16
印　　张	13
字　　数	180 千字
版　　次	2023 年 12 月第 1 版
印　　次	2023 年 12 月第 1 次印刷
书　　号	ISBN 978-7-224-15052-0
定　　价	78.00 元

陕西省社会科学基金项目

"延安时期马克思主义话语权构建的历史经验与逻辑研究"

（立项号：2020A017）

西安外国语大学学术著作出版专项资助

前 言

意识形态作为观念上层建筑，体现特定的经济关系和政治关系，反映一定阶级或团体的利益诉求，通常情况下囊括了政治思想、法律思想、伦理道德、文艺、宗教、哲学等。意识形态决定文化前进方向和发展道路。意识形态工作是为国家立心、为民族立魂的工作，事关党的前途命运，事关国家长治久安，事关民族凝聚力和向心力。习近平总书记在党的二十大报告中强调："要建设具有强大凝聚力和引领力的社会主义意识形态""牢牢掌握党对意识形态工作领导权""坚持马克思主义在意识形态领域指导地位的根本制度"。这一战略部署，对我们深刻领会和把握意识形态工作的异常关键性，鼎力繁荣强盛社会主义意识形态，夯实全党全国各族人民团结协助、共同奋斗的思想根基，具有重大意义。

当前，面临人们思想意识和价值理念日益活跃、正宗与异端同时存在、进步和保守纵横交错、社会思潮纷繁复杂的新情况，怎样使代表人类先进思想和话语的马克思主义在我国意识形态领域的指导地位更加牢固，必然会引起人们对马克思主义话语权问题的持续关注和思考。

延安时期，各种主义、思潮涌现，各种建国方案涌出，以毛泽东为代表的中国共产党人是如何在与各种思想、话语的"论争"中最终成功构建主流意识形态话语权的？本书正是围绕这一核心问题展开专题研究，以深入挖掘其理论基础，全面梳理其时代背景和构建历程，系统总结其构建策略和主要成就，科学总结其历史经验和现实意义。

全书由绪论、正文、后记三部分构成。在绪论部分，主要说明了研究背景和选题意义，国内外研究现状述评，研究思路和方法等；在正文第一至六章中，分别探讨了延安时期主流意识形态话语权构建的理论基础、时代背景、历史进程、逻辑思路、主要成就和经验启示；在后记部分，简单记述了作者的一些研究心得和感悟。

综合全书，作者主要想表达的观点是：中国共产党在延安13年，继承发展马克思主义经典作家的意识形态理论和文化领导权思想，在带领中国人民实现民族独立和人民解放的历史实践中，通过设置"马克思主义中国化"的话语主题，依靠领导集体和知识分子等群体以赋予话语意义，借助学习整风、学术争鸣及国际交往进行话语传播，比较成功地构建起主流意识形态话语权；这些经验启示我们，新时代新征程，要建设具有强大凝聚力和引领力的社会主义意识形态、构建中国特色社会主义话语体系，必须坚持和加强党对意识形态工作的全面领导、努力创新话语表达方式、积极发扬主动斗争精神、严格遵循科学的构建规律，把意识形态工作的领导权牢牢抓在自己手中，不断增强意识形态领域主导权和话语权，以建设为本、先破后立、共同推进，使社会主义意识形态更有凝聚力、吸引力，社会主流思想舆论更加牢固强劲，全体人民紧紧地团结在一起，以昂扬的姿态奋进新征程。

目 录

绪 论 001
  第一节 研究背景及意义 001
  第二节 研究综述与评析 007
  第三节 研究思路、方法与创新 014

第一章 延安时期主流意识形态话语权构建的理论基础 019
  第一节 相关概念之界定 020
  第二节 相关概念之辨析 026
  第三节 延安时期主流意识形态话语权构建的理论依据 029

第二章 延安时期主流意识形态话语权构建的时代背景 039
  第一节 战争与革命的时代主题 039
  第二节 主流意识形态话语权构建的有利条件 046
  第三节 主流意识形态话语权构建的制约因素 059

第三章 延安时期主流意识形态话语权构建的历史进程 065
  第一节 主流意识形态话语权构建的初始阶段 065
  第二节 主流意识形态话语权构建的发展阶段 076

　　　　第三节　主流意识形态话语权构建的升华阶段　　　　083

第四章　延安时期主流意识形态话语权构建的逻辑探析　　　　097
　　　　第一节　主流意识形态话语权的构建原则　　　　097
　　　　第二节　主流意识形态话语权的构建路径　　　　103
　　　　第三节　主流意识形态话语权的构建策略　　　　128

第五章　延安时期主流意识形态话语权构建的主要成就　　　　137
　　　　第一节　掌握中国革命的话语领导权　　　　137
　　　　第二节　构建新民主主义革命话语体系　　　　146
　　　　第三节　构建中国式民主的话语体系　　　　153

第六章　延安时期主流意识形态话语权构建的经验启示　　　　167
　　　　第一节　延安时期主流意识形态话语权构建的基本经验　　　　167
　　　　第二节　延安时期主流意识形态话语权构建的现实启示　　　　176

参考文献　　　　187

后　记　　　　197

绪 论

第一节 研究背景及意义

一、研究背景

近年来，随着改革开放的持续深入和社会的急剧转型发展，人们的文化价值观念多元化发展趋势日渐凸显，各种非马克思主义甚至反马克思主义思潮呈蔓延之势，对我们党及马克思主义话语权提出了尖锐的挑战。习近平总书记在党的二十大报告中强调，为了增强实现中华民族伟大复兴的精神力量，我们必须"坚持马克思主义在意识形态领域指导地位的根本制度"，"牢牢掌握党对意识形态工作领导权"。[1] 针对当前错综复杂的国际国内舆论环境，习近平总书记多次明确指出，要"不断增强意识形态领域主导权和话语权"[2]，"新闻舆论工作各个

---

[1] 习近平：《高举中国特色社会主义伟大旗帜 为全面建设社会主义现代化国家而团结奋斗——在中国共产党第二十次全国代表大会上的报告》，人民出版社，2022，第43页。
[2]《习近平谈治国理政》第三卷，外文出版社，2020，第18页。

方面、各个环节都要坚持正确舆论导向","以我国实际为研究起点，提出具有主体性、原创性的理论观点，构建具有自身特质的学科体系、学术体系、话语体系",①"讲好中国故事，传播好中国声音，展示真实、立体、全面的中国","着力提高国际传播影响力、中华文化感召力、中国形象亲和力、中国话语说服力、国际舆论引导力"。②这一系列重要论述，从话语权的突出强调到话语体系的创新引领，再到国际传播能力建设的全面推进，都为党在新的历史条件下牢牢掌握社会主义意识形态领导权、大力加强马克思主义话语权建设，明确了政治目标和基本路向。

而马克思主义话语权问题的研究，离不开对其构建实践的考察。延安时期，中国共产党经历了由小到大、由弱变强、转败为胜的历史性转变，以毛泽东为代表的中国共产党人，在领导中国人民实现民族独立和人民解放的伟大实践中，在与各类社会思潮和学术思想的"论争"中，逐渐形成了中国化的马克思主义话语体系，比较成功地构建起了主流意识形态话语权，彰显了马克思主义理论及其话语的感染力和解释力。因此，专题探讨延安时期构建主流意识形态话语权的理论基础、历史进程、基本经验以及现实意义，就显得极为必要。

二、理论意义

（一）有助于深化马克思主义中国化的历史研究

自中国共产党诞生以来，就一直存在着意识形态话语权构建这个重大问题。从某种意义上讲，马克思主义中国化的历史，就是中国化

---

① 《习近平谈治国理政》第二卷，外文出版社，2017，第332、342页。
② 《习近平谈治国理政》第四卷，外文出版社，2022，第316页。

马克思主义话语及其话语体系形成和发展的历史，就是主流意识形态话语权构建的历史。延安时期是中国共产党成长壮大的重要时期，延安时期主流意识形态话语权的确立在中共党史中也具有十分重要的地位。可是，很长时期以来，马克思主义话语权构建这一主题在马克思主义中国化研究以及中共党史研究视域下并未引起学界的足够重视。其实，总结并阐释好延安时期主流意识形态话语权建设中的丰富经验，对加强马克思主义中国化时代化的历史研究、促进中共党史研究等方面具有重要价值。

（二）有助于增强马克思主义话语权研究的学理性

围绕意识形态话语权的概念内涵、组成要素、建设路径以及构建历程等进行专题性的探究，提炼和总结延安时期主流意识形态话语权建设的实践经验，对于深刻把握马克思主义话语权构建的基本规律具有重要意义。

（三）有助于丰富马克思主义话语权理论

通过梳理马克思主义经典作家关于马克思主义话语权的基本理论，特别是深入挖掘延安时期中国共产党对于主流意识形态话语权方面的创新、贡献及对当今加强马克思主义话语权建设的启示，有助于促进马克思主义话语权研究、丰富和完善马克思主义的话语权理论。

（四）有助于提升毛泽东思想的历史价值

从话语权构建的角度考察，毛泽东思想是马克思主义话语权构建的伟大成果，毛泽东的新民主主义革命话语更是中国革命话语的集大成者。毛泽东在领导中国革命的实践中提出一系列概念、话语和理论，都是在与当时各种思想、观点、话语的激烈"碰撞"中产生并逐渐引起共鸣的。因此，系统考察毛泽东等中国共产党人的新民主主义革命话语的形成过程，总结梳理延安时期主流意识形态话语权建设的历史经验和构建逻辑，有助于我们深刻理解毛泽东思想产生的历史根源，从而有力地驳斥当前意识形态领域出现的历史虚无主义等错误思想。

三、实践意义

（一）有助于加强社会主义意识形态建设

"话语"和"话语权"，最初诞生于语言学研究领域，后来被人文社会科学所借鉴，用于对意识形态变迁和建设的研究。我们党一贯重视社会主义意识形态建设，特别是党的十八大以来，以习近平同志为核心的党中央尤其重视意识形态工作，将意识形态工作摆在党的事业全局中的突出位置，强调"经济建设是党的中心工作，意识形态工作是党的一项极端重要的工作"[①]，必须把意识形态工作的领导权、管理权和话语权紧紧地控制住，不管任何时候都不能落在别人手里。而现实中意识形态领域的斗争从未停止过，各种非马克思主义、反马克思主义思潮甚嚣尘上，对社会主义意识形态和马克思主义话语权提出了尖锐的挑战，这不得不引起我们的高度重视。从延安时期主流意识形态话语权构建的历史中汲取经验，深刻把握马克思主义话语权建设的基本规律，有助于我们党积极应对当今意识形态斗争的复杂局面，大力加强社会主义意识形态建设，为社会主义现代化建设和人的全面发展提供精神动力和智力支持。

---

① 《习近平在全国宣传思想工作会议上强调 胸怀大局把握大势着眼大事 努力把宣传思想工作做得更好》，《人民日报》2013年8月21日，第1版。

(二) 有助于加强我国哲学社会科学话语体系建设

在党的二十大上,习近平总书记强调:"深入实施马克思主义理论研究和建设工程,加快构建中国特色哲学社会科学学科体系、学术体系、话语体系。"①建设具有中国特色的哲学社会科学,要体现继承性、民族性、原创性、时代性,系统性、专业性,这为加快构建中国特色哲学社会科学指明了方向。其中,推进话语体系建设,首要的就是必须坚持马克思主义在我国哲学社会科学领域的指导地位,加强马克思主义话语权建设。当今社会上有人错误地认为,马克思主义过时了、不管用了,正如习近平总书记指出的那样,"实际工作中,在有的领域中马克思主义被边缘化、空泛化、标签化,在一些学科中'失语'、教材中'失踪'、论坛上'失声'。这种状况必须引起我们高度重视"②。之所以会出现这种状况,与丧失马克思主义话语权紧密相关。延安时期,中国共产党人始终坚持以马克思主义的辩证唯物主义和历史唯物主义作为指导,在对外讲好中国共产党故事、中国革命故事,对外展现真实、立体的延安形象,以及构建主流意识形态话语权等方面,积累了丰富而宝贵的历史经验,汲取这些宝贵经验,无疑对于新时期加强马克思主义话语权建设和我国哲学社会科学话语体系建设具有重要启迪。

(三) 有助于提升我国的国际话语权和国际传播能力建设

长期以来,在国际上以美国为首的西方国家凭借强大的经济实力

---

① 习近平:《高举中国特色社会主义伟大旗帜 为全面建设社会主义现代化国家而团结奋斗——在中国共产党第二十次全国代表大会上的报告》,人民出版社,2022,第43页。

② 习近平:《在哲学社会科学工作座谈会上的讲话》,人民出版社,2016,第10页。

把持着话语霸权。自20世纪中后期以来，西方国家炮制的"历史终结论""意识形态终结论""文明冲突论""中国威胁论""中国崩溃论"等论调不绝于耳。当今世界正面临百年未有之大变局，国际话语权的争夺是大国博弈的一个重要方面，可以说，哪个国家掌握了国际话语权就意味着其在全球治理中掌握了更多的主导权、发言权和影响力。2021年5月31日，中共中央政治局进行第三十次集体学习的主题就是加强我国国际传播能力建设。习近平总书记在主持本次学习时指出，我们党长期以来格外重视对外传播工作；在新的历史条件下，进一步讲好中国故事、传播好中国声音，在国际舞台上展示中国的良好形象，是加强我国国际传播能力建设的重要任务；要深刻认识到，只有形成与我国综合国力和国际地位相对等的国际话语权，才能为我国改革发展和社会稳定营造出有利的外部舆论环境，为推动构建人类命运共同体作出更多贡献[①]。历史是最好的教科书，中国革命历史是最好的营养剂。延安时期，中国共产党作为一支处于弱势地位的政治力量是如何在纷繁复杂的大国关系中寻求发展壮大的契机？毛泽东等中国共产党人又是如何在被封锁的情况下，给外国友人和国际社会讲好中国革命故事，宣传中国共产党的政治主张的呢？显然，这些经验对于新时期加强和改正国际传播工作、提升我国国际传播能力和国际话语权、构建人类命运共同体，具有重要的借鉴意义。

---

① 《习近平在中共中央政治局第三十次集体学习时强调 加强和改进国际传播工作 展示真实立体全面的中国》，《人民日报》2021年6月2日，第1版。

第二节 研究综述与评析

一、国内研究现状

国内关于马克思主义话语权的研究，伴随改革开放以来如何在意识形态领域坚持马克思主义的指导地位这一问题而逐步展开。俞吾金的《意识形态论》、郑永年的《社会主义意识形态研究》、侯惠勤的《马克思主义意识形态论》、朱继东的《新时代党的意识形态思想研究》、杨昕的《中国共产党意识形态话语权研究》等著作可谓这方面的代表。在内容上，上述学者主要偏重于研究马克思主义话语权的科学内涵、中国共产党构建马克思主义话语的历史演进等方面，而关于延安时期主流意识形态话语权构建的研究近年来也逐渐引起了学界的关注。

（一）关于意识形态话语权内涵的研究

侯惠勤研究阐明，话语权是意识形态"思想领导权的实现路径"，包括"提问权、论断权、解释权、批判权"[1]；曹天航认为，意识形态话语权是指某种意识形态"具有控制、引导和规范社会话语的权力"，其政治立场、价值判断、理论观点最终获得社会的认同，取得政治合法性[2]；杨昕指出，中国共产党的意识形态话语权本质上就是马克思主义话语权，它们的含义都是指：作为中国共产党指导思想的马克思主义及其中国化时代化的理论成果，凭借其理论特性和实际影响，对当代中国

---

[1] 侯惠勤：《意识形态话语权初探》，《马克思主义研究》2014年第12期。
[2] 曹天航：《中国共产党巩固马克思主义话语权的历史进程与经验启示》，《河海大学学报》（哲学社会科学版）2015年第1期。

社会发展和历史演进具有能够阐释、规范、指引的资历和能力。[①]

（二）关于中国共产党马克思主义话语权构建的历史进程研究

刘先春等学者分析指出，马克思主义意识形态话语权在中国的发展经历了"由弱势到强势"再到"受到其他意识形态的挑战"的历史嬗变[②]；陈锡喜教授勾勒了马克思主义中国化过程中从马克思到邓小平的话语体系发展轮廓[③]；赵士发等学者研究了毛泽东的话语体系并肯定了其对中国革命和建设事业的贡献[④]；周连顺重点对新中国建立初期马克思主义话语权建设的基本经验展开了探讨，分析指出，新中国成立初期毛泽东和党中央通过一系列制度设计来引导和规范人们对待马克思主义的行为，奠定了构建马克思主义优势话语权的制度框架，但在处理一元指导和多样包容的关系方面也存在着一定的偏差[⑤]；陈金龙等学者还对中国共产党建构马克思主义话语权的实践与经验进行了梳理和总结[⑥]。

[①] 杨昕：《中国共产党意识形态话语权研究》，社会科学文献出版社，2015，第48页。

[②] 刘先春、关海宽：《马克思主义意识形态优势话语权的当代建构》，《上海行政学院学报》2010年第3期。

[③] 陈锡喜：《马克思主义：意识形态和话语体系》，华东师范大学出版社，2011。

[④] 赵士发：《毛泽东与中国共产党的话语体系》，《毛泽东思想研究》2016年第6期；李永进：《〈新民主主义论〉与中国革命话语体系的建构》，《社会主义研究》2014年第3期；唐爱军：《从"革命"到"建设"——马克思主义中国化的话语体系转换》，《上海师范大学学报》（哲学社会科学版）2015年第2期；周直：《毛泽东与中共话语体系的建构》，《毛泽东思想研究》2021年第5期；等等。

[⑤] 周连顺：《制度设计与马克思主义优势话语权的建构——以新中国成立初期为中心》，《科学社会主义》2013年第4期。

[⑥] 陈金龙：《论中国特色社会主义话语权的建构》，《思想理论教育》2015年第3期；周连顺：《中国共产党建构马克思主义话语权的实践与经验》，《马克思主义研究》2021年第5期。

(三) 关于延安时期中国共产党构建主流意识形态研究

荣敬本等学者对延安时期的新旧话语模式和体制进行了考察与比较，肯定了毛泽东的新民主主义话语模式[1]；张瑾等学者探讨了抗战时期中共在重庆的舆论话语权变迁历程[2]，值得注意的是，该著作虽然针对的是抗战时期重庆的舆论话语权，但从广义上来说它仍属于是对延安时期的话语权研究；李亚彬以马克思主义中国化的两次飞跃为例分析了马克思主义话语权问题，其中重点介绍了延安时期围绕话语权的几次思想斗争[3]；王路坦分析指出，在指导中国革命和社会主义建设实践中形成的毛泽东意识形态领导权、管理权和话语权思想为夺取并捍卫新生政权、恢复国民经济、完成社会主义改造提供了思想保障和舆论支持，且为新形势下加快马克思主义话语权构建提供了宝贵经验[4]；漆调兰从马克思主义学术话语权视角，审视了延安时期的"学术中国化"运动，认为它集中体现了对马克思主义高度自信与自觉，是一场灵活运用马克思主义并积极捍卫马克思主义学术话语权的学术实践活动。[5]兰夕雨把延安时期主流意识形态话语权构建的历史经验概括为设置话语议题、赋予话语意义、丰富话语传播三个方面。[6]刘晓伟分析指

---

[1] 荣敬本、罗燕明、叶道猛：《论延安的民主模式：话语模式和体制的比较研究》，西北大学出版社，2004。
[2] 张瑾等：《抗战时期中国共产党在重庆的舆论话语权研究》，重庆出版社，2015。
[3] 李亚彬：《马克思主义中国化中的话语和话语权问题——以两次飞跃为例》，《哲学研究》2015年第6期。
[4] 王路坦：《毛泽东意识形态领导权、管理权和话语权思想探析》，《湖湘论坛》2017年第2期。
[5] 漆调兰：《延安时期"学术中国化"运动再阐释》，《广西社会科学》2018年第10期。
[6] 兰夕雨：《延安时期主流意识形态话语权建构的历史经验》，《光明日报》2018年1月3日，第11版。

出，延安时期中国共产党通过历史使命的愿景修辞、政治现实的符号表征等路径，在相对封闭的环境中保持了强大的新闻舆论引导力[1]；耿苗苗则从话语主体、话语载体、话语客体三个方面，概述了延安时期中国共产党在构建意识形态话语权方面的经验教训与当代价值。[2]

二、国外研究现状

国外学者大多从语言学、政治学等角度，对"话语"和"话语权"展开一般性研究。延安时期，由于国民党当局对以延安为中心的陕甘宁边区实行严密的封锁政策，初期只有少量的外国记者通过各种途径到访延安，后来中国共产党主动创造条件邀请部分国际友人、新闻记者到延安等抗日根据地进行采访。这些外国记者、来华友人通过实地考察，对陕甘宁边区的先进事迹进行了宣传报道，其中有一部分涉及对中国共产党"延安道路"、毛泽东思想及其话语的研究。

（一）关于"话语权"的研究

"话语"本来是语言学研究的一个范畴，后来被人文社会科学所借鉴。将"话语"与"权力"结合在一起则要归因于20世纪法国著名哲学家福柯。福柯在《话语的秩序》一书中提出了"知识即权力"的观点，认为权力既可以生产知识（话语），同时知识（话语）也产生权力[3]；后来的西方马克思主义者葛兰西在其著作《狱中札记》中提出了文化霸权思想，指出"一个社会集团的霸权地位"的取得，一方面要

---

[1] 刘晓伟：《延安时期中国共产党的新闻舆论引导力建构》，《编辑之友》2019年第5期。
[2] 耿苗苗：《延安时期中国共产党意识形态话语权建设及当代启示》，《南方论坛》2022年第3期。
[3] [法]米歇尔·福柯：《话语的秩序》，肖涛译，中央编译出版社，2001，第31页。

有政治的"统治",除此之外,另一方面更得有"智识与道德的领导权",即"文化领导权"①,由此,"话语"成了"意识形态"取得权力的路径,"话语权"的获得更侧重于社会民众的政治认同和话语认同。他们的这些思想被后来学者所借鉴并广泛运用于对意识形态领导权和话语权的研究。

(二)关于延安的考察和记录

尽管国民党政府和军队对延安采取封锁的政策,但以毛泽东为代表的中国共产党人并没有坐以待毙,而是主动作为,创造一切条件开展对外交往活动,努力打破舆论封锁困境,对外讲好中国革命故事,为今天留下了一幅幅感人至深的历史画卷。1936年6月下旬,美国记者埃德加·斯诺受毛泽东等中共领袖的邀约,在宋庆龄等人的帮助下,秘密到访延安。斯诺便成为第一个到边区采访的外国记者,也是第一个把延安的故事传播给外界的国际友人。1937年10月,斯诺所撰写的《红星照耀中国》②在英国和美国出版,并随即引起了轰动。之后不久,史沫特莱、海伦·斯诺③、博斯哈德等外国记者纷至沓来。抗战时期到访延安的还有中外记者西北参观团、美军观察组,以及美军上校卡尔逊、加拿大医生白求恩等人。这些中外人士以著作、新闻报道、书信等形式对外发布了自己在延安等地的所见所闻,客观上帮助中国共产党戳穿了国民党的污蔑,向世界宣传了中共的正面形象。

---

① [意]安东尼奥·葛兰西:《狱中札记》,曹雷雨等译,中国社会科学出版社,2000,第316页。

② 1938年2月,《红星照耀中国》的中译本在出版时,为了便于在国民党统治区和日寇占领区销售和传播,书名使用了《西行漫记》这个名称作为掩护。

③ 海伦·斯诺:埃德加·斯诺的夫人。延安时期,斯诺夫妇两人曾先后到达陕北采访,帮助世人了解一个真实的红色中国。

这一时期关于延安的考察纪实，除埃德加·斯诺所著《红星照耀中国》（又名《西行漫记》）之外，另有海伦·斯诺的《红色中国内幕》（《续西行漫记》）、史沫特莱的《伟大的道路》《中国的战歌》、哈里森·福尔曼的《红色中国的报告》（《北行漫记》）、冈瑟·斯坦的《红色中国的挑战》、爱泼斯坦的《人民之战》《中国未完成的革命》、美国军官卡尔逊的《中国的双星》《中国的军队》、英国物理学家班威廉夫妇的《与中共相处两年》（《新西行漫记》）等。关于这一时期延安事迹的研究著作有美国学者马克·塞尔登的《革命中的中国：延安道路》、杰克·贝尔登的《中国震撼世界》、卡萝尔·卡特的《延安使命：1944—1947美军观察组延安963天》等。在上述这些著作中，既有关于延安的考察和记录（包括对"延安道路"的研究），也有关于延安时期中国共产党如何开展对外话语传播、进行形象塑造的相关记载。

（三）关于延安时期毛泽东及其话语的研究

随着一系列关于毛泽东等中共领袖、延安事迹的宣传报道和著作的公开发行，西方世界掀起了一股"毛泽东热"。自20世纪中期开始，费正清（John Fairbank）、史华慈（Benjamin I. Schwartz）、魏特夫（Karl AugustWittfogel）、施拉姆（Stuart R. Schram）、李博（Wolfgang Lippert）、大卫·阿普特（David Apter）和托尼·赛奇（Tony Saich）等国外学者聚焦于对毛泽东的研究，并且用语言学的方法探讨了毛泽东的革命话语。代表作有：《中国的共产主义与毛泽东的崛起》[1]《毛泽东通往

---

[1] [美]史华慈：《中国的共产主义与毛泽东的崛起》，陈玮译，中国人民大学出版社，2006。

权力之路：革命文本》[①]《"毛主义"的传说》[②][③]《汉语中的马克思主义术语的起源与作用》[④]《毛泽东共和国的革命话语》[⑤]等。国外学者的这些成果为我们开展延安时期话语权构建和毛泽东的新民主主义革命话语研究奠定了外文的材料基础。

三、研究现状述评

综观国内外的相关研究成果，可以发现国内学者大多是从意识形态的角度切入马克思主义话语权的探讨，研究成果也确实相当可观。然而，出于不同的学科背景和研究视角，国内学者对马克思主义话语权内涵的解释和阐述并不完全一致，尚存在把"马克思主义话语权"与"意识形态话语权""马克思主义意识形态话语权""新闻舆论引领力"等概念相互混用的现象。此外，国内学者对马克思主义话语权的历史研究较为薄弱，特别是对延安时期中共构建主流意识形态话语权的专题性研究较少，这方面的研究有待加强。国外学者在研究方法上跨学科研究的特色比较突出，他们多数把政治学、社会学和文化研究方面的已有结论当作问题意识和着眼点，对延安时期中共领导人的思想和

---

① Stuart R. Schram, editor, and Nancy J. Hodes, associate editor. *Mao's Road to Power: Revolutionary Writings 1912—1949.* (New Democracy: 1939—1941, vol. 7) (The New Stage, August 1937—1938, vol. 6) (Book review).

② Wittfogel, Karl A., *The legend of "maoism"*, The China Quarterly, No.1 (1960 Jan—March), pp.72–86.

③ Wittfogel, Karl A., *The legend of "maoism" (concluded)*, The China Quarterly, No.2 (1960 April—June), pp.16–31.

④ [美]李博：《汉语中的马克思主义术语的起源与作用》，赵倩等译，中国社会科学出版社，2003。

⑤ Apter, David and Tony Saich, *Revolutionary Discourse in Mao's Republic*, Cambridge: Harvard University Press, 1994.

话语进行个案研究。国外学者虽然在整体上对延安时期的研究成果丰满厚实，但也存在着下列比较明显的缺陷：一是过于强调理论框架，幻想以理论阐释理论，造成他们大多以西方史观或理论为研究视角或评价标准，存在立场偏见。二是对文献资料的把握和剖析不够，一些著作是在第二手甚至第三手材料上取得的成果，难免造成以偏概全，其研究结果的可信度和说服力明显减弱。三是脱离延安时期的具体社会语境来研究话语，使得研究成果的内在逻辑性不强。马克思曾指出，"全部社会生活在本质上是实践的"①，"不是从观念出发来解释实践，而是从物质实践出发来解释各种观念形态"②。可见，研究延安时期主流意识形态话语权构建，须臾不能离开当时的时空背景来进行考察。

总而言之，国内外现有成果为本课题研究奠定了牢固的基石，然而也存在着几许欠缺。譬如，对延安时期中共构建主流意识形态话语权的专题性研究相对较少，对基本经验的总结和历史逻辑梳理不够，等等。这些不足为我们进一步深化该领域的研究留出了一定的空间。

第三节　研究思路、方法与创新

一、研究思路

本书按照"理论基础－时代背景－构建历程－实践成果－经验启示"的思路展开分析，主要探讨以下六个方面的内容：

第一章，主要介绍马克思主义话语权的内涵及其理论基础。通过

---

① 《马克思恩格斯选集》第一卷，人民出版社，2012，第135页。
② 同上，第172页。

梳理福柯、葛兰西的话语权理论，马克思、恩格斯、列宁的基本思想，以及中国传统文化和第二国际的经验教训，尝试界定马克思主义话语权的内涵，即在历史和实践的发展过程中始终保持马克思主义话语对社会话语的主导、支配地位，其内容主要包括政治话语权、学术话语权、媒介话语权，其内涵范围比意识形态话语权小而比马克思主义意识形态话语权范围广。

第二章，具体分析延安时期主流意识形态话语权构建的有利条件和制约因素。延安时期主流意识形态话语权构建，既有难得的有利条件（比如马克思主义在中国的广泛传播、陕甘宁边区整体稳定的环境、中共的逐渐成熟等），也存在着影响其发展的制约因素（比如陕甘宁边区及其他根据地经济文化落后、党内尚存的"左"倾教条主义、农民为主体的社会环境等）。

第三章，依照"论争—确立—巩固"的思路，系统梳理延安时期主流意识形态话语权构建的历史进程。延安时期党内的政治事件（如重大会议）和话语事件（如领导人的文章、话语"论战"）成为马克思主义话语权构建的历史线索。延安时期经历了不同历史阶段（如土地革命战争后期、全面抗战和解放战争阶段），这充分体现了马克思主义话语权构建的艰难和复杂。

第四章，全面透视延安时期主流意识形态话语权"全方位协同推进"的构建逻辑。马克思主义话语权构建要素涉及话语主体、话语受众、话语体系等诸多方面，需要全方位协同推进。延安时期，中国共产党坚持从革命实际和特殊党情出发，科学认识和准确把握马克思主义话语权建设的根本着力点，重点发力，全方位协同构建，最终使得主流意识形态话语权得以确立。

第五章，归纳总结延安时期主流意识形态话语权构建的主要成就——毛泽东思想及其新民主主义革命话语体系和中国式民主话语体系的形成。延安时期主流意识形态话语权构建，离不开毛泽东等党内领导者的贡献。延安整风运动和党的七大，确立了毛泽东思想及其新民主主义革命话语的指导地位，使实事求是的马克思主义思想路线和革命话语深入人心。中国共产党人构建的包含"人民民主专政"在内的中国式民主话语体系，使军民团结一致，为新民主主义革命取得胜利，奠定了重要的基础和保障。

第六章，提炼总结延安时期主流意识形态话语权构建的历史经验与现实启示。延安时期，中国共产党在革命和战争的特殊年代，面对纷繁复杂的话语环境，最终构建并确立起主流意识形态话语权，这是弥足珍贵的历史遗产。这些经验为新的历史条件下加强马克思主义话语权建设提供了借鉴和启示。

二、研究方法

延安时期主流意识形态话语权构建的历史经验与逻辑研究，坚持了辩证唯物主义和历史唯物主义的根本方法，涉及哲学、历史学、语言学、社会学、教育学、新闻传播学等学科，采取了多样化的研究方法，主要有以下几种：

（一）文献解读法

广泛搜集、细致梳理国内外学者对话语、话语权以及延安时期历史与现实问题的著作和文章，总结、归纳其观点，为马克思主义话语权研究提供了扎实的理论准备和知识基础。

（二）话语分析法

借鉴现代话语理论，还原历史语境，展现延安时期主流意识形态话语权构建的内在脉络和演进历程，探讨马克思主义话语权的科学内涵、发展演变和构建逻辑，通过阐述延安时期马克思主义话语的传播及认同来分析话语主体与话语客体之间的权力关系。

（三）比较研究法

对不同的话语主体、话语内容、话语受众、话语场域、话语方式等进行分类比较研究，揭示出延安时期主流意识形态话语权构建的经验、逻辑与特点，以期为新时代加强马克思主义话语权建设、推进我国的国际传播能力建设提供借鉴和启迪。

（四）逻辑分析法

按照教育学原理规定，"逻辑分析法就是运用辩证的和形式的思维方法来认识资料，从而得出本质的、规律性认识的一种研究方法。"[①] 本书综合运用归纳与演绎、分析与综合、抽象与概括等方法，从理论战线、文艺战线、科教战线、宣传战线的实践体系中，系统梳理了延安时期中国共产党对工人、农民、知识分子、革命军人等不同群体构建主流意识形态话语权的经验与逻辑。

三、创新尝试

关于本书的创新之处，不敢妄言太多，所谓创新，也只是在认真学习现有成果的基础上进行一些总结性尝试罢了。

第一，在总体设计上，选题新颖。本书从话语权的视角，对延安时期中国共产党如何开展意识形态建设、如何加强党的自身建设进行专题性梳理，这是目前学界尚需深入探讨的内容。因此在总体设计上，特别是选题方面，具有一定的特色和新意。

---

① 石佩臣：《教育学基础理论》，东北师范大学出版社，1996，第661页。

第二，在学术思想上，继承创新。本书在尊重并吸收学界已有研究成果的基础上，对延安时期主流意识形态话语权构建的基本经验、毛泽东新民主主义革命话语体系以及人民民主专政话语体系的构建逻辑、不同的话语受众的认同效能等方面，展开了较为深入的探讨。

第三，在学术观点上，辩证得法。本书系统分析了延安时期主流意识形态话语权的构建历程（论争－确立－巩固）、构建途径（思想教育、话语论争、舆论引导），微观方面阐述了构建要素（主体、受众、内容）、构建方法（批判借鉴、文化传承、理论创新）等。

第四，在研究方法上，多科综合。本书综合运用了语言学、历史学、传播学和哲学等学科的相关理论、方法，专题探讨延安时期中国共产党构建主流意识形态话语权的历史经验与逻辑，以期进一步拓展对马克思主义话语权研究的高度和深度。

第一章
延安时期主流意识形态话语权构建的理论基础

延安，中国革命的圣地。延安时期，是中国共产党和中国革命辉煌发展的重要时期，是中国共产党走向成熟的关键时期，也是研究中共党史和党的自身建设史的一个十分重要的时期。

目前，学术界对延安时期的界定基本达成一致，主要包括时间和空间两个维度。从时间上来看，一般认为，从1935年10月19日，中共中央率红军陕甘支队长征到达陕北吴起镇，到1948年3月23日，毛泽东、周恩来、任弼时在陕北吴堡县东渡黄河，迎接革命胜利的曙光，这近13年的时间即中国共产党历史上的"延安时期"。这其中，有10年时间在延安——自1937年中共中央从保安（今志丹县）进驻延安算起。延安13年，从整体上说，横跨了中国共产党领导中国新民主主义革命的"土地革命后期、抗日战争时期、解放战争前期"这三个历史阶段。在这13年里，"中国共产党从少年走向成年、从幼稚走向成熟，实现了由小到大、由弱到强、转败为胜的历史性转变"。[1]由于

---

[1]《中共中央在延安——一个马克思主义政党的崛起》前言，人民出版社，2019，第1页。

延安时期中国共产党虽然没有实现全国范围内执政，但其除了陕甘宁边区以外，还实际上领导着全国其他的抗日民主根据地，同时也在国民党统治区、日寇占领区积极开展工作。因此，从空间上看，"延安时期"不仅仅指的是发生在延安乃至陕甘宁边区的历史，而且包括发生在这一时期建立的晋察冀、晋冀豫、晋绥、冀鲁豫、豫鄂边、山东、华中、华南等面积近100万平方公里的抗日根据地的历史，甚至包括该时期中国共产党领导人民大众在中华大地上展开的一切革命斗争的历史。[①]这一界定为本书展开对延安时期主流意识形态话语权构建的研究提供了时空依据。

第一节 相关概念之界定

探讨延安时期主流意识形态话语权的构建，首先有必要界定清楚"延安时期""话语""话语权""马克思主义话语权"这几个基本概念的内涵和外延，这是我们研究延安时期主流意识形态话语权构建的逻辑起点和关键要素。

一、话语

"话语"产生于现代西方语言学研究，是与"语言"和"言语"相近的概念。语言（Language）是人类与外部世界沟通交流的表达方式，是人类最重要的文化现象和生存方式。"语言是一种实践的、既为别人存在因而也为我自身而存在的、现实的意识。语言也和意识一样，只

---

① 高九江：《延安时期马克思主义中国化形成的历史条件》，《广西社会科学》2010年第3期。

第一章　延安时期主流意识形态话语权构建的理论基础

是由于需要，由于和他人交往的迫切需要才产生的。"[①]马克思恩格斯在《德意志意识形态》中的这段话表明，语言产生于人类的实践活动，并在人们的交往活动中得以丰富和发展。而瑞士语言学家费尔迪南·德·索绪尔（Ferdinand de Saussure）则用符号系统来定义语言概念，将语言视为能指和所指的结合：前者代表由一定观念、声音和形象所组成的音响形象，后者是以语言符号所描述对象的本质和意义。这样，语言就是建立在一定语法规则之上的符号体系，是人们言语行为（说话、书写等）必须遵循的规则或契约，而语言的外显形态和实践方式即是言语（parole），即人们在一定规则下的语言行为，是人们语言能力的具体应用。索绪尔对于语言的定义，确立了西方语言学以及现代话语理论的发展根基。

"话语"（discourse）由拉丁文前缀dis（不同路径）和course（行走、路线）组成，在《实用英语词源词典》中被定义为"讲话、论述和演讲"。[②]《现代汉语名词辞典》将话语界定为"说出来的能够表达思想的言语"。可见，从词源上来看，话语产生于具体的社会语境，与特定社会的意识形态密切相关。这一点已为学界所普遍认同。西方当代重要的政治理论家哈贝马斯曾着力强调话语背后隐藏的意识形态倾向。英国话语分析学者诺曼·费尔克拉夫也认为，话语反映并建构出社会关系和社会实体。[③]国内学者俞吾金在《意识形态论》的开篇就指出，一个人接受教化的过程其实就是他学习语言的过程，而语言总是以一定的意识形态为导向的。[④]现代学者施旭指出，话语是人们在特定

[①]《马克思恩格斯选集》第一卷，人民出版社，2012，第161页。

[②][日]小川芳男：《实用英语词源词典》，孟传良等译，高等教育出版社，1994，第166页。

[③][英]费尔克拉夫：《话语与社会变迁》，殷晓蓉译，华夏出版社，2003，第3页。

[④] 俞吾金：《意识形态论》（修订版），人民出版社，2009，第1—2页。

历史和文化关系中运用语言等方式所进行的具有某种目的和效果的社会交际事件，或曰社会交际活动，当然事件与活动相比较的话，前者是单一的，后者是前者的汇总。[1]从以上学者的分析可以看出，话语与语言和言语相比较而言，更具有灵活性、实践性、意识形态性等丰富的内涵特征。正如巴赫金（Mikhail Bakhtin）在其对话理论中所指出的那样，话语的符号性、意识形态性、社会功能性特征，会使得"话语成为意识形态科学的基本研究客体"。[2]巴赫金等人关于话语特点的分析，为我们进一步开展意识形态和话语权研究奠定了重要的价值基础，提供了独特的分析视角。

综合国内外学者对"话语"的分析，我们可以给话语下一个简单的定义。简言之，话语就是人们在特定语境中的言语行为，它集中反映了话语主体的价值观念和权力结构，具有鲜明的意识形态特征。

二、话语权

如前文所述，话语具有鲜明的意识形态特征，作为意识形态的活动场所，它往往与权力、利益和语言交织在一起，因为"话语是受一定的权力（及权力旨趣）影响的现实发生的语言"。[3]也就是说，话语与所处的特定语境相结合，则会催生话语权力的诞生，从而成为左右主体价值的信仰标识以及影响社会生活的权力指称。

正是在这个意义上，法国哲学家米歇尔·福柯（Michel Foucault）由原来对话语本身的分析，转向对话语背后权力的关注，将话语理解

---

[1] 施旭：《什么是话语研究》，上海外国语教育出版社，2017，第4—5页。
[2] 巴赫金：《周边集》，李辉凡等译，河北教育出版社，1998，第357页。
[3] 卢永欣：《语言维度的意识形态分析》，社会科学文献出版社，2013，第109页、第119页。

第一章 延安时期主流意识形态话语权构建的理论基础

为特定语境中的群体规则与权力介质。①福柯在《话语的秩序》一书中提出了"知识即权力"的命题，指出"在任何一个社会中，话语的生产在一开始就由某些特定的程序所控制着，被选择、组织和再分配。这些程序的作用在于防止话语的力量和危险，处理突发事件，避开它沉重和令人恐惧的物质性。"②其意是想表达，根本就没有独立的、不带有任何意识偏见的知识或话语，它们都受特定的权力支配、操控。所以，福柯认为，既然话语、知识和权力是紧密相连的，那么一切的话语、知识就都能够作为权力分析的目标加以评判和抵抗。而且，福柯进一步分析指出，人虽然为话语的表述者和话语权力的拥有者，但人并不是话语的权力中心，原因在于他们不能随性地表达自己喜爱之物，"也不能想说什么就说什么"③，其实话语权力的真正来源是由话语规则来赋予和实现的。福柯对话语与权力关系、社会关系的阐释和剖析，为后来人从政治、社会、文化等角度解读话语权奠定了理论基础。

话语与权力的关系表明，话语的主导权掌握在谁的手里，谁就能决定话语的方向以及内容。因此，后来的西方马克思主义者葛兰西在其著作《狱中札记》中提出了文化霸权思想，以此强调无产阶级争夺革命话语权的重要性。葛兰西强调："一个社会集团的霸权地位"的取得，一方面要有政治的"统治"，除此之外，另一方面更得有"智识与道德的领导权"，即"文化领导权"④。虽然葛兰西并未明确提出"话

---

① 王治河：《福柯》，湖南教育出版社，1999，第4页。
② Barry Smart, *Foucault, Marx and Critique*, Routledge. London and New York, 1983, p. 135.
③ 同①，第163页。
④ [意]安东尼奥·葛兰西：《狱中札记》，曹雷雨等译，中国社会科学出版社，2000，第316页。

语权"的概念，但通过他的文化领导权思想，我们看出"话语"其实是"意识形态"取得权力的路径，"话语权"的获得除了政治强迫，更侧重于社会民众自觉的政治认同和话语认同。

20世纪之后，随着国际关系和意识形态问题的复杂化，话语权的重要性得以凸显。国际关系学现实主义流派创建者英国历史学家爱德华·卡尔在其著作《20世纪危机（1919—1939）国际关系研究导论》中首次明确提出了"话语权"概念。他指出，支配舆论的力量（即话语权）是与军事力量和经济力量并列的国际领域的三类政治权力之一。[1]同样在国际关系领域，新自由主义学派的典型人物美国政治学家约瑟夫·奈在《注定领导世界：美国权力性质的变迁》等著作中首次提出并阐述了"软实力"概念。他把军事力和经济力称为硬实力，而把话语力（即对文化和政治价值观的向心力，对国际准则的塑造力，对政治话题的决断力等）称为软实力。

虽然话语权难以被精确地定义，但是国内学者大多从"权"这个词语解析得出"权利"和"权力"两层含义。中南民族大学文学院冯广艺教授指出，话语权是"人们为了充分地表达思想、进行言语交际而获得和拥有说话机会的权利"。[2]中国文化软实力研究中心主任张国祚教授把话语权解释为"说话权、发言权，亦即说话和发言的资格和权力"。[3]中国社会科学院马克思主义研究院侯惠勤教授认为，话语权是"意识形态思想领导权的实现方式，包括提问权、论断权、解释权和批判权等"。[4]华东师范大学陈锡喜教授认为，话语权具有"软权力"

---

[1] [英]爱德华·卡尔：《20年危机（1919—1939）国际关系研究导论》，秦亚青译，世界知识出版社，2005，第103页。
[2] 冯广艺：《论话语权》，《福建师范大学学报》（哲学社会科学版）2008年第4期。
[3] 张国祚：《关于"话语权"的几点思考》，《求是》2009年第9期。
[4] 侯惠勤：《意识形态话语权初探》，《马克思主义研究》2014年第12期。

和"硬权力"两个方面的含义。①

基于上述专家学者的分析,笔者认为,话语权是指能对相关话语进行诠释和主导的权益和力量,其目的在于重塑、指引话语后面的价值判定和思想观念,它是话语主体通过媒介等宣传工具争取话语权益,或者通过话语斗争进而主导经济、政治、文化权力的过程。

三、主流意识形态话语权

延安时期,中国共产党在以延安为中心的陕甘宁边区局部执政。由于此时中国社会存在多种社会思潮、意识形态,而中国共产党是以马克思主义作为指导思想的无产阶级政党,在当时构建主流意识形态话语权就是要争夺马克思主义理论及其话语在国际和国内所产生的影响力、吸引力。因此,笔者认为,延安时期主流意识形态话语权的实质就是马克思主义话语权,只因为当时马克思主义还未成为一种具有普遍影响力的主流意识形态,马克思主义话语权还处于逐步建构并逐渐加强的状态,所以用"主流意识形态话语权"概念相对比较严谨。

科学界定马克思主义话语权的内涵,是我们深化马克思主义话语权研究的基础和前提。然而,目前学术界对马克思主义话语权并没有一个明确的界定,且存在用词不统一的现象,比如时常用"文化领导权""意识形态话语权""马克思主义意识形态话语权""新闻舆论引领力"等概念来指称马克思主义话语权。其实在这几个概念之间,有区别也有联系。我们首先来看学界关于这一概念内涵的界定。

周连顺、张若男通过梳理现有研究成果的成效与不足之后指出,界定马克思主义话语权的内涵应该"从马克思主义既是一种意识形态

---

① 陈锡喜:《马克思主义:意识形态和话语体系》,华东师范大学出版社,2011,第53页。

也是一种文化现象这两个侧面"来理解。①漆调兰、马启民分析指出，由于马克思主义话语权产生于西方资本主义话语体系之中，因此应加强对马克思主义话语权的理论来源研究，尤其是马克思、恩格斯、列宁等人的相关思想。②侯惠勤认为，话语权即是意识形态"思想领导权的实现路径"，具体包括"提问权、论断权、解释权、批判权"③等等。曹天航也认为，马克思主义话语权就是指马克思主义意识形态"具有控制、引导和规范社会话语的权力"。④杨昕指出，马克思主义话语权在本质上就是中国共产党的意识形态话语权，即马克思主义及其中国化时代化的理论成果凭借其自身的理论特性和社会影响，具有诠释、规定、指引当代中国社会进步的资历、实力、地位和名望。⑤

上述学者从不同的侧面和角度对马克思主义话语权的内涵进行了探讨，为我们开展延安时期主流意识形态话语权研究奠定了基础。

第二节　相关概念之辨析

要界定马克思主义话语权的科学内涵，还必须区分与之相近的几个概念，因为目前学术界还存在把这几个概念相互混用的现象。

---

① 周连顺、张若男：《近年来国内马克思主义话语权研究述评》，《马克思主义研究》2016年第9期。

② 漆调兰、马启民：《国内关于延安时期中国共产党马克思主义话语权建构的研究述评》，《现代哲学》2017年第5期。

③ 侯惠勤：《意识形态话语权初探》，《马克思主义研究》2014年第12期。

④ 曹天航：《中国共产党巩固马克思主义话语权的历史进程与经验启示》，《河海大学学报》（哲学社会科学版）2015年第1期。

⑤ 杨昕：《中国共产党意识形态话语权研究》，社会科学文献出版社，2015，第48—49页。

第一章 延安时期主流意识形态话语权构建的理论基础

一、马克思主义话语权与意识形态话语权

从意识形态的本质来看，作为与一定社会的经济和政治紧密相关联的观点、概念、观念的集合，意识形态是一定社会经济基础、政治制度以及人与人各种社会关系的反映。马克思主义作为中国共产党的指导思想，从广义上看，也属于意识形态的一种。所以，一般情况下，意识形态话语权的内涵要比马克思主义话语权的内涵范围更宽一些。就像侯惠勤教授曾指出的那样，意识形态话语权是"统治阶级运用国家力量进行思想统治的方式"。[①]这是由意识形态鲜明的阶级属性决定的。现实生活中，正是由于我国是社会主义国家，社会主义意识形态就是马克思主义，因此造成国内很多学者将马克思主义话语权同意识形态话语权进行互用、混用的情况。

二、马克思主义话语权与马克思主义意识形态话语权

这两个概念自身就有互相重叠的地方，通常情况下很难以分辨。倘若从历史的角度考察，自从中国共产党成立，就始终存在着马克思主义话语权建设这个重要问题。从某种角度上说，中国共产党百余年历史，其实可看作是马克思主义话语权构建的历史。但因为延安时期，中国共产党只是在局部执政，还未成为全国性的执政党。因此，笔者以为，关于延安时期的马克思主义话语权使用"主流意识形态话语权"的表述更为恰当一些，也体现了马克思主义话语权建设的艰巨性、过程性。

[①] 侯惠勤：《意识形态话语权建设方法论研究》，《中共贵州省委党校学报》2016年第2期。

而一旦中国共产党实现了全面执政,成为全国性的执政党,马克思主义成为中国主流意识形态以后,那么我们称之为"马克思主义意识形态话语权"或者"社会主义意识形态话语权"就更有必要了。

三、马克思主义话语权与中国共产党的文化领导权

国内关于文化领导权研究大多借鉴了葛兰西在《狱中札记》中提出的"文化霸权"思想,侧重于强调政党或集团利用自身优势对民众的教化、引导和控制。[①]而马克思主义话语权则强调运用马克思主义的思想理论通过对宣传工具、媒介的掌握来大力宣传党的政策主张,从而引导民众对马克思主义的理论认同和话语认同。鉴于此,笔者认为,马克思主义话语权和文化领导权是两个不同的概念,不能混用。

综合上述,通过借鉴国内外学者对"话语""话语权"理论的相关论述,特别是巴赫金、福柯等思想家对该问题的思考,本书尝试界定马克思主义话语权的内涵,即在历史和实践的发展过程中始终保持马克思主义话语对社会话语的主导、支配地位,其内容主要包括政治话语权、学术话语权、媒介话语权,其内涵范围比意识形态话语权小而比马克思主义意识形态话语权范围广。本书主要研究的是延安时期中国共产党使用科学的方法、正确的方式,构建主流意识形态话语权的经验和逻辑,是马克思主义话语权建设先期探索的重要实践成果。

---

① 杨恩泽:《延安时期中国共产党文化领导力建设研究》,人民出版社,2020,第41页。

第一章　延安时期主流意识形态话语权构建的理论基础

第三节　延安时期主流意识形态话语权构建的理论依据

中国共产党是在马克思主义理论指导下创建和发展的政党，且在实践中不断丰富发展着马克思主义理论体系。延安时期主流意识形态话语权构建，从理论渊源上看，就是马克思主义经典作家关于意识形态理论和文化领导权思想在中国新民主主义革命时期的实践运用和创新发展。

一、马克思恩格斯的意识形态领导权理论

自法国启蒙思想家德斯蒂·德·特拉西（Antoine Distutt de Tracy）1796年在其论著《意识形态的要素》创造"意识形态"一词以来，这一概念变得十分复杂，以至于变成了社会科学中"最难以把握的概念"[①]。意识形态问题一直是人们关注和争论的焦点，形成了众多的意识形态理论学说。马克思和恩格斯从社会存在和社会意识的关系视角把握了意识形态概念，从而为历史唯物主义奠定了坚固的基石，使意识形态成了历史唯物主义的重要内容。作为世界无产阶级革命的伟大领袖和导师，马克思和恩格斯十分重视意识形态，他们不但对资产阶级意识形态"虚假性"展开了批判，而且着重强调了意识形态领导权问题。

在《政治经济学批判（1857—1858年手稿）》中，马克思强调了意识形态问题的重要性，他宣称："如果从观念上来考察，那么一定的

---

① [英]大卫·麦克里兰：《意识形态》，孙兆征等译，吉林人民出版社，2005，第1页。

意识形式的解体足以使整个时代覆灭。"①自此以后,重视意识形态工作就成了全世界马克思主义者和马克思主义政党的优秀传统之一。马克思、恩格斯正是在剖析和批判德意志意识形态"虚假性"的过程中,创立和发展了历史唯物主义,形成了马克思主义意识形态理论。在《〈黑格尔法哲学批判〉导言》中,马克思深入剖析了以黑格尔为代表的德国哲学特别是法哲学所犯的形而上学错误,号召对包括法律、政治、宗教在内的一切资产阶级的意识形态展开斗争和批判,目标是消灭脱离实际的德国旧哲学,建立反映德国阶级矛盾现状和真实现实关系的新哲学。正如马克思指出:"理论一经掌握群众,也会变成物质力量。理论只要说服人,就能掌握群众;而理论只要彻底,就能说服人。所谓彻底,就是抓住事物的根本。而人的根本就是人本身。"②在意识形态和物质生活之间存在着较为复杂的中间环节,一旦物质生活上升为思想和意识之后,它就具有了相对独立性和能动的反作用。因此,在马克思看来,科学理论应代表人民群众的根本利益,只有抓住人的发展这一根本,思想理论才能转变为实践的力量。马克思主义哲学作为一种崭新的世界观,必将对无产阶级革命具有指导意义。

马克思和恩格斯合作的《德意志意识形态》,是马克思主义世界观形成的重要标志,也是马克思主义意识形态理论的重要著作,在马克思主义发展史上具有里程碑式的重要意义。马克思和恩格斯强调:"每一个力图取得统治的阶级,即使它的统治要求消灭整个旧的社会形式和一切统治,就像无产阶级那样,都必须首先夺取政权,以便把自己的利益又说成是普遍的利益,而这是它在初期不得不如此做的。"③在

---

① 《马克思恩格斯文集》第八卷,人民出版社,2009,第170页。
② 《马克思恩格斯文集》第一卷,人民出版社,2009,第11页。
③ 同上,第536—537页。

此，他们把"意识形态"看作是特定阶级价值观的系统性表达，指出历史编纂学家在历史观上的共识就是："占统治地位的将是越来越抽象的思想，即越来越具有普遍性形式的思想。因为每一个企图取代旧统治阶级的新阶级，为了达到自己的目的不得不把自己的利益说成是社会全体成员的共同利益，……赋予自己的思想以普遍性的形式，把它们描绘成唯一合乎理性的、有普遍意义的思想。进行革命的阶级，仅就它对抗另一个阶级而言，从一开始就不是作为一个阶级，而是作为全社会的代表出现的；它以社会全体群众的姿态反对唯一的统治阶级。"①

马克思主义经典作家的上述观点，一方面着重重申统治阶级在实行阶级统治之前必定先要取得政权，另一方面也是对意识形态实质和功能的深刻揭示。从本质上看，意识形态作为价值观的理论体系，反映着一定群体的共同利益诉求；从特征上看，它是内容和形式的对立统一，虽然实质上是特定团体或组织利益的反映，但同时又被说成是社会全体成员的整体的利益，因此也是阶级性和普遍性的统一；从功能上看，意识形态为维护和颠覆现存利益格局的行为提供合法性辩护，这样才能把特殊利益说成是普遍利益。对于无产阶级而言，争取意识形态领导权同样具有重要意义：只有建立自己的思想和话语体系，生产出一种社会从属阶级和民众认同的价值观和道德体系，才能获得民众的理解和接受，从而获得客观历史需求的合法性。

二、马克思关于"意识形态话语权"的启发性论述

"意识形态"与话语权的结合，是通向这一概念内核的一条途径，

---

① 《马克思恩格斯文集》第一卷，人民出版社，2009，第552页。

因为意识形态作为个人融入某种社会形态的凭据，必须"通过教化与意识形态认同"①，方可使个人与社会达成一致。由此，众多思想家关于意识形态和话语权关系的论述，都显示出了"意识形态话语权"的价值内涵和实践指向。

马克思尽管并未直接地或正面地对"意识形态话语权"展开过系统阐述，然而他关于意识形态、语言产生的根源及意识形态和语言、话语之间关系的论述，却成为中国共产党在延安时期开展对外传播、构建主流意识形态话语权的理论依据。

众所周知，在继承前人思想遗产的基础上，马克思对意识形态的界定具有否定和肯定两重意义：一方面，作为统治阶级的思想体系，意识形态具有为统治阶级服务的虚假性和阶级性，是物质关系上占据统治地位的人们的思想的反映，因此马克思在大多情况下对意识形态持强烈的批判态度；另一方面，作为一般的思想观念，意识形态又具有理性精神和科学思维的实践指向性，且与语言、话语在形成过程中具有历史和实践本质上的重叠性，对于主体思想自由和精神解放具有积极作用，所以马克思也以意识形态的肯定意义为基点来谈其与语言、话语的关系问题，对意识形态话语权研究提供了启示价值。

马克思认为，语言产生于具体的客观环境，而不是精神的超自然力量。针对青年黑格尔派将"类"看作语言和人类存在的催化物的主观唯心主义观点，马克思在《1844年经济学哲学手稿》中进行了批驳，他强调："人在实践上和理论上都把类——他自身的类以及其他物的类——当做自己的对象"。②在马克思看来，语言表面上受制于精神世界，但实质上却根源于人类的物质实践，由此指明了人类活动才是意

---

① 俞吾金：《意识形态论》（修订版），人民出版社，2009，第2页。
② 《马克思恩格斯文集》第一卷，人民出版社，2009，第161页。

第一章　延安时期主流意识形态话语权构建的理论基础

识形态和语言产生的源头。正如1859年的《〈政治经济学批判〉序言》指出的那样："人们在自己生活的社会生产中发生一定的、必然的、不以他们意志为转移的关系，即同他们的物质生产力的一定发展阶段相适应的生产关系。这些生产关系的总和构成社会的经济结构，即有法律的和政治的上层建筑竖立其上并有一定的社会意识形态形式与之相适应的现实基础。"①由此可见，作为观念上层建筑的"社会意识形式"（具体包括政治、法律、宗教、艺术和哲学等），都有与之相适应的社会经济基础。语言及其汇集而成的话语，当然也不例外。

　　马克思除了考察语言和意识形态的产生根源，还对意识形态与语言和话语的关联性进行了阐述。第一，语言和话语是意识形态的重要表达载体。马克思在《德意志意识形态》中指出："'精神'从一开始就很倒霉，受到物质的'纠缠'，物质在这里表现为振动着的空气层、声音，简言之，即语言。语言和意识具有同样长久的历史；语言是一种实践的、既为别人存在因而也为我自身而存在的、现实的意识。语言也和意识一样，只是由于需要，由于和他人交往的迫切需要才产生的。"②意识形态作为人类实践活动、物质交往行为的产物，需要语言以声音和符号的形式汇聚成话语而进行言说、表述。第二，意识形态和语言为特定阶级意识形态的正当性提供论据支撑。虽然语言产生时并没有阶级性，但被一定阶级使用后，就不可避免地带有该阶级的意识形态性，因此，每一个企图取得统治权的阶级，"都必须首先夺取政权，以便把自己的利益又说成是普遍的利益"③，即便是无产阶级也同样如此。第三，意识形态通过话语实践达到教化的目的。黑格尔在

---

① 《马克思恩格斯文集》第二卷，人民出版社，2009，第591页。
② 《马克思恩格斯文集》第一卷，人民出版社，2009，第533页。
③ 同上，第537页。

《精神现象学》中用"自身异化了的精神"理解教化，认为以语言为媒介对人的教化在本质上是虚假的、颠倒的，是人的自我异化过程。黑格尔的这一思想对马克思意识形态理论产生重要影响。早在《关于费尔巴哈提纲》中，马克思就指出："环境是由人来改变的，而教育者本人一定是受教育的。"①可见，教育和教化的普遍性。在《共产党宣言》中，马克思深入揭露了资产阶级通过教育灌输意识形态的做法，他指出，"资产者唯恐失去的那种教育，对绝大多数人来说是把人训练成机器"，而共产党人的目标是"要使教育摆脱统治阶级的影响"。②在《路易·波拿巴的雾月十八》中，马克思强调，人们总是在继承过去传统中创造历史，每当革命出现危机时就会请出亡灵来帮助他们，"借用它们的名字、战斗口号和衣服，以便穿着这种久受崇敬的服装，用这种借来的语言，演出世界历史的新的一幕。"③马克思的这些论述进一步揭示了意识形态与教育或者教化的内在联系，也进一步警示马克思主义者要善于运用语言、口号在话语实践中发挥好意识形态的教育功能，争夺或强化马克思主义意识形态话语权。

总之，马克思意识形态理论建立在历史唯物主义基础之上，强调社会存在决定社会意识，同时也强调意识形态能动的反作用，特别是对意识形态和语言起源的考察，以及对意识形态与语言、话语之间关系的探讨，指出语言和话语是意识形态的重要表达载体，语言和意识形态都是"阶级社会的维护意识"，话语实践即意识形态教化的过程。这些论述凸显了意识形态问题的重要性，为无产阶级政党加强主流意识形态话语权建设，提供了理论基础和方法论指导。

---

① 《马克思恩格斯选集》第一卷，人民出版社，2012，第134页。
② 同上，第417—418页。
③ 同上，第669页。

三、列宁的意识形态"灌输论"和文化领导权思想

列宁在继承马克思恩格斯思想精华的基础之上，又将马克思主义意识形态理论向前推进了一大步，其中一个显著的体现就是，意识形态开始与阶级意识的培养问题直接联系了起来，形成了意识形态"灌输论"和文化领导权思想，促进了马克思主义意识形态理论的发展。

第一，强调了意识形态的重要性。列宁在《俄国社会民主党人的任务》中提出了"没有革命的理论，就不会有革命的行动"[①]的著名论断，并且在《怎么办？》中强调"只有以先进理论为指南的党，才能实现先进战士的作用"[②]，凸显作为意识形态的科学理论对于工人阶级和无产阶级政党进行革命运动的重要意义：为之提供强大的思想武器，并帮助其制定正确的路线、方针和政策去实现既定的目标。

第二，以哲学的党性为原则区分了资产阶级意识形态和无产阶级意识形态。列宁批判了作为资产阶级意识形态的唯心主义，号召无产阶级"坚决同一切资产阶级思想体系作斗争，不管它披着怎样时髦而华丽的外衣"[③]，强调"非党性是资产阶级思想""党性是社会主义思想"[④]这一意识形态的党性问题。因为列宁认为，如果不是资产阶级的意识形态，那就是无产阶级的意识形态，除此之外没有"第三种"意识形态，任何时候都不会有"非阶级的或超阶级的意识形态"[⑤]。列宁通过强化意识形态的阶级属性，强调作为阶级意识的意识形态内涵，

---

① 《列宁专题文集 论无产阶级政党》，人民出版社，2009，第39页。
② 同上，第71页。
③ 《列宁全集》第六卷，人民出版社，1986，第251页。
④ 《列宁选集》第一卷，人民出版社，2012，第676页。
⑤ 同上，第327页。

更加彰显了意识形态领域斗争在阶级斗争中的重要战略地位。

第三，提出社会主义意识形态"灌输论"。列宁提出资产阶级意识形态和无产阶级意识形态的根本区别，目的在于把唯物主义与工人阶级和社会联系起来，以此进一步做好社会主义意识形态工作。列宁在《唯物主义和经验批判主义》中指出："任何科学的思想体系（例如不同于宗教的思想体系）都和客观真理、绝对自然相符合，这是无条件的。"[①]很明显，作为科学的意识形态的马克思主义，是无产阶级斗争的强大思想武器。但列宁认为，马克思主义意识形态作用的发挥或者说无产阶级自觉的阶级意识培养，不会自发地产生，而是需要通过无产阶级政党从外部"灌输"到无产阶级的阶级斗争中去。因此，必须做好这方面的工作，因为"对社会主义意识形态的任何轻视和任何脱离，都意味着资产阶级意识形态的加强"。[②]

第四，形成了无产阶级政党的文化领导权思想。在领导俄国社会主义革命过程中，列宁十分重视对马克思主义意识形态的宣传和传播，以期实现苏联共产党对文化的领导。列宁在《党的组织和党的出版物》中提出思想宣传和文化工作要为政治服务的党性原则，又在《青年团的任务》《在意识形态战线上》《日记摘录》《宁可少些，但要好些》等著作中批判了"无产阶级文化派"否定其他阶级文化财富的错误观点和主张。在《关于无产阶级文化》中，列宁明确指出："马克思主义这一革命无产阶级的意识形态赢得了世界历史性意义，是因为它并没有抛弃资产阶级时代最宝贵的成就，相反却吸收和改造了两千多年来人类思想和文化发展中一切有价值的东西。"[③]列宁还认为，推动苏联共

---

① 《列宁专题文集 论辩证唯物主义和历史唯物主义》，人民出版社，2009，第42页。
② 《列宁选集》第一卷，人民出版社，2012，第327页。
③ 《列宁选集》第四卷，人民出版社，2012，第299页。

产党的文化领导权建设，需要依靠社会民主党人的理论创新和鼓动宣传，以通俗化的语言教育、引导群众。

针对工人群众的知识水平和政治素质不高的现状，列宁要求社会民主党人应根据普通群众的思维习惯和日常生活，运用通俗易懂、生动活泼的生活语言和实践案例"灌输"马克思主义意识形态，教育引导群众相信党的策略和纲领，促进革命行动，从而推动苏联共产党的文化领导权建设。尤为重要的是，列宁提出的"通俗化"马克思主义理论，强调从普通群众即意识形态接收者的角度来考察意识形态认同问题，为无产阶级政党指出了意识形态话语权内在构成要素——话语受众和评价主体的重要性，同时也给延安时期中国共产党构建主流意识形态话语权提供了方法论指导。

第二章
延安时期主流意识形态话语权构建的时代背景

延安时期主流意识形态话语权建设,是在中国共产党领导中国革命即将取得决定性胜利之前的关键时刻,我们党以延安和陕甘宁边区为主阵地,总结早期实践经验,运用马克思主义与其他社会思潮激烈交锋,并对广大人民群众进行思想政治教育和理论话语宣传的过程中逐渐确立起来的。

第一节 战争与革命的时代主题

俄国十月革命的成功不仅改写了俄国革命的历史,也使全世界的革命形势发生了根本变化,书写了人类历史的新篇章。由此,整个20世纪前半叶,战争与革命成为显著的时代背景,这是界定和分析世界各国社会发展变迁和中国革命形势变化的重要参照。中国共产党始终坚定马克思主义的为民立场,一直带领中国人民为了实现民族独立和人民解放的目标而努力奋斗。由于帝国主义的入侵,"新民主主义革命时期,党面临的主要任务是,反对帝国主义、封建主义、官僚资本主义，争取民族独立、人民解放，为实现中华民族伟大复兴创造根本社会条件。"①延安时期主流意识形态话语权构建正是在这样宏大背景下应运而生的。

一、近代中华民族危亡

作为世界上古老而伟大的民族，中华民族曾创造出光辉灿烂的古代文明，中国人民以自己的勤劳和智慧为人类的进步作出过难以磨灭的贡献。1840年鸦片战争之后，《辛丑条约》等一系列不平等条约的签订，使近代中国丧失了独立的地位，逐渐沦为半殖民地半封建社会，"国家蒙辱、人民蒙难、文明蒙尘，中华民族遭受了前所未有的劫难。"②为挽救民族危机，从林则徐、魏源"师夷长技以制夷"到洪秀全发起的太平天国运动，从康有为、梁启超的变法维新到孙中山领导的共和革命，中国人民奋起反抗斗争。尽管他们付出了艰辛努力，但无一例外都以失败告终。值得庆幸的是，辛亥革命的果实虽然被军阀袁世凯窃取，但辛亥革命终究结束了中国延续2000多年的君主专制制度，建立了共和政体，解放了民众思想，使得民主、共和的观念自此深入人心。这同时也显示出，20世纪初期，中国革命亟待新的领导力量和新的思想理论的出现。

俄国十月革命一声炮响，给中国送来了马克思列宁主义。五四运动促进了马克思主义在中国的传播，也拉开了中国新民主主义革命的帷幕。在国际国内形势的发展中，在马克思主义与中国革命实际的紧密结合中，伟大的中国共产党于1921年7月诞生了，这是开天辟地的大事件。在中国共产党的领导下，中国革命的面貌由此焕然一新。

---

① 《中共中央关于党的百年奋斗重大成就和历史经验的决议》，人民出版社，2021，第3页。
② 同上。

经历过大革命洪流、土地革命风暴，历练中的中国共产党逐渐发展壮大，但由于年轻的中国共产党毕竟刚成立不久，面临复杂的国际国内局势，党内出现了"左"、右倾错误，特别是在"左"倾教条主义的影响下，中央革命根据地的第五次反"围剿"失败了，红军不得不进行战略转移。经过二万五千里长征，中共中央和各路红军转战到陕北，自此开启了在陕北领导新民主主义革命并最终取得胜利的波澜壮阔的延安十三年历程。

二、抗日战争全面爆发

九一八事变后，随着日本帝国主义对我国的侵略，中国领土沦丧，抗日救亡运动在全国迅速发展，在国民党政府对日本侵略行动仍然采取妥协退让的背景下，中国共产党毅然率先举起了武装抗日的旗帜。1937年7月7日的卢沟桥事变，彻底暴露了日本帝国主义侵略和占领中国的野蛮行径，也使得中国国内的阶级关系发生深刻变化，国内各政治势力、阶级之间的突出矛盾逐渐降为次要矛盾，中日矛盾超越国内阶级矛盾正式上升为主要矛盾。

在中华民族生死存亡的关键时刻，中国共产党积极主张建立包含国内不同阶级在内的、最广泛的抗日民族统一战线，采取了包括停止没收地主阶级土地、停止武装反抗南京政府一切行动、主动争取与蒋介石国民党军队停战议和等系列措施，团结一切可以团结的力量，争取一切可以争取的同盟者，发动和组织全国所有的革命力量反抗日本帝国主义。中国共产党"坚持全面抗战路线，提出和实施持久战的战略总方针和一整套人民战争的战略战术，开辟广大敌后战场和抗日根据地，领导八路军、新四军、东北抗日联军和其他人民抗日武装英勇作战，成为全民族抗战的中流砥柱"①。抗日战争时期，以毛泽东为代表的中国共产党人主张抗战到底、追求和平统一、实现民主平等的政治理念，克服右倾错误、坚持统一战线中的独立自主的正确做法，促进了国内不同阶级民主意识的觉醒，不仅扩大了中国共产党在民众中的政治影响，也为确立中国共产党在抗日民族统一战线中的领导权和话语权奠定了基础。

日本对中国的入侵，不仅威胁中国，同时也威胁世界和平，因此，中国共产党在国内建立和巩固抗日民族统一战线的同时，也在积极动员其他国家加入反对日本帝国主义的同盟。早在1935年秋天，中共中央发表《为抗日救国告全体同胞书》（即"八一宣言"），就首次明确提出了建立国际抗日统一战线的方针。中国共产党号召中国人民要努力与世界上其他国家及其人民、党派和群众组织紧密团结起来，组成国际反法西斯主义的统一战线。毛泽东在对世界上友好国家和帝国主义国家进行区分后，明确指出，"除了日本以及那些帮助日本帝国主义的国家，上述各种类型的国家（反战国家、殖民地和半殖民地国家、社会主义国家）能够组成一个反侵略、反战、反法西斯的世界联盟"②。正因为如此，苏联在抗日战争中给予了中国许多军事和物资上的援助，并于1937年8月与中国签订了《中苏互不侵犯条约》；美国在1941年太平洋战争爆发之后也给中国提供了一定的武器装备；世界上其他国家的共产党人、和平人士、外国记者、国际主义战士等也开始关注中国革命，特别是延安和中国共产党的革命运动，给中国抗战提供了相应的帮助，通过他们的宣传报道扩大了中国共产党在世界的影响力。

---

① 《中共中央关于党的百年奋斗重大成就和历史经验的决议》，人民出版社，2021，第6—7页。

② 《毛泽东文集》第一卷，人民出版社，1993，第391页。

三、国民党的舆论封锁

中共中央落脚陕北并进驻延安,以延安为中心的陕甘宁边区从此成为中国共产党领导中国革命的大本营。然而此时的延安却面临内外交困的局面,除了日本帝国主义的不断侵犯,还有国民党军队的"围剿"。据统计,仅1938年、1939年两年时间,日本侵略军对向陕甘宁边区的河防阵地发动了20多次进攻,国民党顽固派则在陕甘宁边区周围聚集了几十支精锐部队,修筑了层层碉堡,对中共中央和中央红军实施了严密的军事包围、经济制裁和舆论封锁。

作为一支独立的政治力量,当时的中国共产党在世人眼中是一种什么样的存在呢?第一个到访陕北的美国记者埃德加·斯诺在《西行漫记》中有过这样的描述:"事实上,在世界各国中,恐怕没有比红色中国的情况是更大的谜、更混乱的传说了。中华天朝的红军在地球上人口最多的国度的腹地进行着战斗,9年以来一直遭到铜墙铁壁一样严格的新闻封锁而与世隔绝。千千万万敌军所组成的一道活动长城时刻包围着他们。他们的地区比西藏还难以进入。"[1]

通过斯诺的记述,延安时期国民党对中国共产党进行舆论封锁的情景已经跃然纸上。在此背景下,创造一切有利条件、积极开展对外宣传工作、努力发出中国共产党的声音,成为中国共产党突破国民党舆论封锁的必然要求。为此,面对日本帝国主义和国民党政府的新闻封锁,坚持全面抗战的中国共产党通过一系列政策措施,积极主动地开展了对外宣传和国际传播。

第一,谋求合法性认同。抗日战争爆发之后,中国共产党积极向

---

[1] [美]埃德加·斯诺:《西行漫记》,董乐山译,外语教学与研究出版社,2005,第2页。

国内民众宣传自己的抗日主张，推动建立广泛的抗日民族统一战线。然而国际上，由于当时国民党是世界反法西斯阵营中唯一代表中国行使外交权的中央政府，不但始终拒绝承认在敌后抗战的共产党及其军队的合法性，并且长期对中共实行新闻封锁甚至歪曲宣传，致使国际社会对处于隔绝状态的中国共产党人非常不了解："他们是不是留着长胡子，是不是喝汤的时候发出咕嘟咕嘟的响声，是不是在皮包里夹带土制炸弹。……他们是不是'纯正的'马克思主义者。"①由此看来，宣传中共的政策主张、谋求国际国内对中国共产党及其军队的合法性认同，不仅是事关抗战全局的现实任务，也成了中国共产党争夺未来斗争主导权和主流意识形态话语权的历史性课题。

第二，寻求国际援助。全面抗战爆发后，根据国共两党达成的协议，在陕甘地区的红军主力和南方八省的红军游击队改编为八路军和新四军，国民政府提供财政拨款，给八路军、新四军提供了军费支持。但随着抗战的进行，中共的军队人数不断增加。由于害怕共产党的发展壮大会危及自身的独裁统治，国民党开始积极推行反共的政策。1939年1月国民党五届五中全会通过了"溶共""防共"和"限共"的方针，随后国民党当局还接连制定并隐秘颁发了《防止异党活动办法》《共产党问题处置办法》等一系列反共文件。在此背景下，各地反共摩擦不断，国民党顽固派策划发动了三次反共高潮。尤其是1941年1月，国民党顽固派制造了震惊中外的皖南事变。国民党政府不但宣布新四军为"叛军"，取消其番号，而且还对中共采取了停发军费、控制经济发展、进行彻底扼杀的策略，造成陕甘宁边区面临严重的财政危机。面对内外交困的境地，中共除了在敌后根据地开展大生产运动，同时向国际社会扩大影响力并寻求国际援助也是其中关键因素。毛泽东早

---

① [美]埃德加·斯诺：《西行漫记》，董乐山译，外语教学与研究出版社，2005，第4页。

第二章　延安时期主流意识形态话语权构建的时代背景

在《论反对日本帝国主义的策略》一文中就指出："我们中华民族有同自己的敌人血战到底的气概，有在自力更生的基础上光复旧物的决心，有自立于世界民族之林的能力。但是这不是说我们可以不需要国际援助；不，国际援助对于现代一切国家一切民族的革命斗争都是必要的。"①1938年11月6日，党的扩大的六届六中全会形成的决议中进一步提出当前的紧急任务之一就是："集中一切力量，反对日本法西斯军阀侵略者，加紧国外宣传，力争国外援助，实现对日制裁"②。

第三，采取灵活外交政策。抗日战争爆发后，为了在反霸权中建立国际统一战线，中国共产党及时调整过去"反对日本及一切帝国主义"的政策路线，而"执行灵活的外交政策"。1935年12月召开的瓦窑堡会议明确提出，党要"同一切和日本帝国主义及其走狗卖国贼相反对的国家、党派，甚至个人，进行必要的谅解，妥协，建立国交，订立同盟条约等等的交涉。"③全面抗战爆发后，党对于对外宣传工作的重要性有了更深的认识。1938年3月召开的中共中央政治局会议分析指出："我国抗战已经进行了八个月，但是，我们的国际宣传工作，我国各界民众团体对国际上各种民众团体的联系，都太薄弱了。"④于是，为了进一步扩大抗日民族统一战线，团结一切反法西斯力量，抗战时期中国共产党积极开展国际交往和对外宣传工作，向国际社会传播我国的真实情况，有效争取了国际社会对中国抗战的同情和支持，塑造了中国共产党的良好形象，增强了党在延安时期的对外话语权。

---

① 《毛泽东选集》第一卷，人民出版社，1991，第161页。
② 中央档案馆编：《中共中央文件选集》第11册，中共中央党校出版社，1991，第752页。
③ 中央档案馆编：《中共中央文件选集》第10册，中共中央党校出版社，1991，第617页。
④ 同②，第458页。

第二节　主流意识形态话语权构建的有利条件

延安时期，主流意识形态话语权构建面临难得的历史机遇和发展的有利条件。主要有：马克思主义在中国的广泛的传播并与中国的革命实际相结合逐渐产生了中国化的马克思主义理论，陕甘宁边区较为稳定的历史环境，中国共产党日益走向成熟并致力于主流意识形态话语权的建设，等等。此外，共产国际七大以后，其指导中国革命的思想转变以及影响也是不容忽视的因素。

一、马克思主义在中国的广泛传播

近代以来，随着"西学东渐"的大潮，西方各种学说包括马克思主义，开始传入中国。19世纪中后期开始，中国前往欧洲各国的使节、留学人员以及许多在华的西方传教士，就开始在国内引介、报道西方各国社会主义运动的文章，有些就涉及马克思及其学说。20世纪初，以梁启超为代表的资产阶级知识分子意识到西方文化的重要性。梁启超在戊戌变法失败后流亡日本期间阅读了大量的西方文化著作，并撰写了《南海康先生传》《进化论革命者颉德之学说》等文章，对马克思的学说加以肯定和赞赏。辛亥革命之后，中国民主革命的伟大先驱孙中山先生在伦敦大英博物馆阅读了大量马克思著作，后来发展成了他的社会主义观点。追随孙中山的马君武、朱执信等人更是在中国积极介绍马克思及其著作，并取得了一定的成就。这一时期马克思主义在中国的传播只是萌芽阶段，资产阶级知识分子作为这个时期马克思主义的主要译介者和传播者，对马克思主义的理解相对朦胧，并不懂得马克思主义的本质。

第二章 延安时期主流意识形态话语权构建的时代背景

马克思主义在中国的真正意义上的传播是在俄国革命之后，中国发生的五四运动是其开端。五四时期，中国早期先进知识分子在比较鉴别中逐渐觉察到马克思的阶级斗争学说才是改造中国的救世良方，他们开始全面系统地宣传马克思主义，为马克思主义在中国更好地传播创造了条件。中国共产党的主要创始人和早期领导者李大钊、陈独秀、毛泽东、李达等人，是中国最早接受和传播马克思主义理论的思想先驱。1918年7月，在俄国十月革命的影响下，李大钊发表了《法俄革命之比较观》一文，探讨俄国十月革命和法国资产阶级革命的区别。接着，李大钊相继发表了《庶民的胜利》《新纪元》《我的马克思主义观》等文章，较为全面地阐述了马克思主义理论，并开始运用新的理论方法研究中国的实际问题。为了从思想上唤醒国人改造中国传统社会的集体自觉，李大钊积极宣介历史唯物主义理论、剩余价值学说以及阶级斗争和无产阶级专政的理论。陈独秀也是我国马克思主义的启蒙者之一。1920年9月，陈独秀在他的文章中明确提出"非用阶级战争的手段来改革社会制度不可"[①]的战斗口号，提倡用俄国革命的手段建立劳动阶级的国家，在革命胜利后实行无产阶级专政。毛泽东也是通过认真阅读研究马克思主义的书籍文章后迅速转变为坚定的共产主义信仰者，后来毛泽东在延安接见斯诺时曾谈道："一九二〇年冬天，我第一次在政治上把工人们组织起来了，在这项工作中我开始受到马克思主义理论和俄国革命历史的影响的指引。我第二次到北京期间，读了许多关于俄国情况的书。我热心地搜寻那时候能找到的为数不多的用中文写的共产主义书籍。有三本书特别深地铭刻在我的心中，建立起我对马克思主义的信仰。我一旦接受了马克思主义是对历史的正确解释以后，我对马克思主义的信仰就没有动摇过。这三本书是：

[①]《陈独秀文集》第二卷，人民出版社，2013，第47页。

《共产党宣言》，陈望道译，这是用中文出版的第一本马克思主义的书；《阶级斗争》，考茨基著；《社会主义史》，柯卡普著。到了一九二〇年夏天，在理论上，而且在某种程度的行动上，我已成为一个马克思主义者了，而且从此我也认为自己是一个马克思主义者了"；与毛泽东一起在长沙读书时的好友罗章龙后来也回忆道："毛泽东第二次来北京的时候，我们有一个庞大的翻译组，大量翻译外文书籍，《共产党宣言》就是其中一本。《共产党宣言》不长，全文翻译了，按照德文版翻译的，我们还自己誊写，油印，没有铅印稿，只是油印稿。我们酝酿翻译时间很长，毛主席第二次来北京后看到了"。[①]五四运动之后，毛泽东回到湖南，主持创办了《湘江评论》，身体力行地宣传马克思主义。概言之，五四时期，通过中国早期先进知识分子的大力宣传，马克思主义科学真理在中国进步青年中产生了广泛的影响，促进了马克思主义在中国的进一步传播，为中国共产党的创建奠定了坚实的思想基础，正像毛泽东后来指出："十月革命一声炮响，给我们送来了马克思列宁主义。十月革命帮助了全世界的也帮助了中国的先进分子，用无产阶级的宇宙观作为观察国家命运的工具，重新考虑自己的问题。"[②]俄国革命成功不仅为中国提供了丰富的革命经验，也改变了中国革命发展的方向，在马克思主义科学真理的指引下，中国共产党带领中国人民走向了新民主主义革命的道路。

值得注意的是，马克思主义在中国的传播，为中国人民探索革命的正确途径提供了科学理论，但这一过程并不是一帆风顺的。马克思主义中国化过程的每一个历程，都会与其他各种主义、思想，甚至反动思潮进行激烈的碰撞和交融。马克思主义在20世纪上半叶的中国革

[①]《毛泽东年谱（1893—1949）》（修订本）上卷，中央文献出版社，2013，第56页。
[②]《毛泽东选集》第四卷，人民出版社，1991，第1471页。

命中取得指导地位，是同各种反马克思主义思潮展开斗争的结果。其间，马克思主义与反马克思主义思潮就经历了四次大的论战。

第一次，"主义与问题"之争。这次论争发生在资产阶级知识分子代表胡适与马克思主义早期传播者李大钊、陈独秀和瞿秋白之间，是中国知识分子对如何改造中国社会问题的不同主张之间的一次理性探讨，也是马克思主义与实用主义、自由主义的一次话语较量。1919年7月，信奉实用主义、自由主义的胡适在《每周评论》上发表了《多研究些问题，少谈些"主义"》一文，认为各种"主义"的引进并不一定能具体解决中国当下的诸多问题，而且倡导"主义"所带来的损害在于，"能使人心满意足，自以为寻着了包医百病的'根本解决'，从此用不着费心力去研究这个那个具体问题的解决办法了"[①]。显然，胡适针对的是马克思主义，反对的是中国走社会主义革命道路，他主张以改良的手段来完成渐进式改革的目标。这一观念与马克思主义彻底的革命性主张相违背，自然遭到信仰马克思主义、科学社会主义的先进知识分子的坚决反对。1919年8月，李大钊发表《再论问题和主义》一文，运用唯物史观基本原理予以反驳。李大钊首先肯定问题与"主义"并不相违背，且研究问题必须用"主义"作为指导，尤其是解决中国的问题仅仅进行少许不痛不痒的改良是根本不行的，"必须有一个根本解决，才有把一个一个的具体问题都解决了的希望"[②]，起决定作用的关键环节是民众起来进行彻底地斗争。针对胡适的错误观点，陈独秀、瞿秋白也相继撰文，批驳了实用主义的反动主张，论证了马克思主义对中国革命事业的重要性，从而促进了马克思主义在中国的影响和传播。

---

① 魏宏远主编：《中国现代史资料选编》，黑龙江出版社，1981，第142页。
② 《李大钊文集》下卷，人民出版社，1984，第37页。

第二次，关于社会主义与资本主义的论战。五四运动之后的新文化运动的主要任务是宣传和研究社会主义的先进思想。由于早期进入国内的社会主义思想鱼龙混杂，有些是科学的，有些是非科学的，当时很多人对真正科学的思想并不了解，相反非科学的思想很容易误导人们。这造成中国知识分子对社会主义的认识非常的朦胧，分不清科学社会主义与其他社会主义流派的明确界限。1920年9月，英国哲学家、温和改良派理论家罗素来华讲学，到过中国许多地方，随即在国内引发一股温和的社会改良思潮。陪同罗素多处演讲并深受其思想影响的张东荪于1920年11月在《时事新报》上发表《由内地旅行而得之又一教训》的文章，大力宣扬罗素的社会改良理论。张东荪等人认为，实现中国社会改造的方法不是社会主义革命，而是利用资本主义的方式大力发展实业、兴办教育。这一思想动向，立即引起马克思主义者的警觉。当年底，陈独秀在《新青年》上开辟专栏，组织反击张东荪的错误论调。陈独秀、李达、李大钊、何孟雄、蔡和森等人发表了一系列辩论文章，驳斥了张东荪、梁启超等人的谬论。他们明确指出，资本主义道路在中国走不通，中国工人阶级要得到解放，必须通过暴力夺取政权，坚持社会主义方向、建立中国共产党，是唯一可行方案。这次论争明晰了到底什么是马克思主义，客观上也推动了这一思想产生更大影响，为我们党的建立做好了思想上的准备。

再一次，与无政府主义者的论战。众所周知，这一思潮来自西方一些欧美国家，是一系列极端个人主义、自由主义政治思想的总称，它反对任何对人的管理和约束，向往自由、自治、互助、和谐、非暴力。这种思潮于20世纪初传入中国，由于中国政治的混乱局面，经过刘师复等人的倡导，五四运动后在中国曾一度泛滥。1919年5月，北大学生黄凌霜发表《马克思学说的批评》一文，从无政府主义的立场出发否认国家存在的必要性，指出国家无非是"建立私权，保护少数特殊幸福的机关"，至于有些人"能力微弱"，那是由于生理原因而非懒惰的罪过，因此马克思提倡的按劳分配也并不合适。[①]1920年初，报刊上一篇题为《我们反对"布尔扎维克"》的作品更是直言不讳地宣扬无政府主义，反对马克思主义。在科学社会主义思想流入中国的同时，这种看似满足人们自由平等向往的非科学思想在当时传播很快，影响很大，迷惑性也很强。为此，1919年6月，李达率先发表《什么叫社会主义》一文，吹响了回击无政府主义的号角。1920年，陈独秀在《新青年》上发表《谈政治》一文，批判无政府主义的反动观点。接着，李大钊、蔡和森等人也积极撰文，旗帜鲜明地批判了无政府主义，维护了马克思主义思想和话语权威。

第四次，与早期三民主义的论争。由于国共两党意识形态的根本不同，作为国民党"党魂"的三民主义势必与马克思主义产生思想冲突和话语较量。在第一次国共合作后期，特别是孙中山先生逝世以后，国民党新老右派掀起了限共、反共高潮，对马克思主义形成挑战的是早期三民主义的代表戴季陶主义。因此马克思主义与早期三民主义的话语论争主要针对的是戴季陶主义。1925年夏天，戴季陶相继出版了两本小册子——《孙文主义哲学的基础》和《国民革命与中国国民党》，在曲解孙中山三民主义的基础之上，宣扬马克思主义不适合中国国情，企图以民生主义代替共产主义，鼓吹国共两党"共信不立，互信不生"，以此反对国共合作的统一战线。戴季陶主义一出现，就获得国民党新老右派的拥护，成为他们极力破坏国共合作的纲领。同年11月，国民党老右派邹鲁、谢持等人在北京组织"西山会议派"，推崇戴季陶主义、批评共产主义，破坏国共统一战线。对于戴季陶主义、"西山会议派"，中国共产党人瞿秋白、陈独秀、恽代英、毛泽东、萧楚女等发表了大量文章进行了有力的揭露和批判。值得一提的是，蒋介石

[①] 张宝明主编：《新青年》哲学卷，河南文艺出版社，2016，第217—218页。

政府后来强化了意识形态宣传，由胡汉民主导重新诠释了三民主义，马克思主义与三民主义的话语论争延续到延安时期关于"中国命运"的论战，不同意识形态话语之间的激烈交锋可见一斑。

一言以蔽之，马克思主义话语权的确立始终伴随着与种种社会思潮的冲突和论战，这是马克思主义传入中国面临的历史境遇。马克思主义作为产生于西方语境中的理论体系和话语体系，在中国的早期传播过程中必然会面临复杂的话语环境。但也正是在与各种非马克思主义思潮的激烈碰撞中，马克思主义作为科学理论的科学性、先进性才得以充分展现，马克思主义话语在复杂激荡的话语冲突和话语较量中逐渐深入人心并得到了广泛传播。

二、中国共产党在锻炼中走向成熟

中国共产党在成立之后，在领导中国民主革命的伟大实践中，先后经历过大革命时期、土地革命时期的洗礼，尤其是第五次反"围剿"失败后，中国工农红军克服千难万险取得长征胜利最后落脚陕北，以延安为中心建立起中国革命的大本营。在这一过程中，中国共产党日益走向成熟。延安时期的中国共产党，坚定地把马克思主义理论与中国具体实际和中国文化"深相结合"起来，逐渐形成了比较稳定和成熟的领导核心，确立了正确的思想路线、政治路线和组织路线。可以说，这些都是延安时期主流意识形态话语权构建的前提条件，下面我们逐一进行梳理和探讨。

第一，形成了以毛泽东为核心的党的领导集体，这是延安时期主流意识形态话语权构建的关键。1935年1月，长征途中召开的遵义会议终止了"左"倾错误在党中央的影响，确立了毛泽东在中共中央和中央红军的领导地位，在异常危险的情况下保存了党中央和中央红军，挽救了中国革命。遵义会议后，中央红军在毛泽东等人正确指挥下，战胜了张国焘的分裂行为，取得了长征胜利，最终落脚陕北，开启了中国革命的新气象。正如中共六届七中全会通过的《关于若干历史问题的决议》①中所说，遵义会议"开始了以毛泽东同志为首的中央的新的领导，是中共党内最有历史意义的转变"②，这是对毛泽东始终把马克思主义基本原理同中国具体实际相结合所确立的马克思主义正确路线的充分肯定。从根本上说，遵义会议之后，以毛泽东为核心的中共的第一代领导集体的形成，是延安时期主流意识形态话语权构建的首要条件。正是在以毛泽东为核心的党的第一代中央领导集体的坚强领导之下，中国共产党正式开启了党的建设这一"伟大的工程"③，并以此为依托进行合理规划、正确领导、扎实推进延安时期主流意识形态话语权建设，并取得了良好的成效。

第二，创立了毛泽东思想，这是延安时期主流意识形态话语权构建的灵魂。马克思主义话语权构建离不开科学理论的指导，而指导延安时期主流意识形态话语权建设的理论，正是马克思主义中国化的伟大理论成果——毛泽东思想。研究中共党史的学者普遍认为，从1927年大革命失败到1935年1月遵义会议，这一阶段是毛泽东思想形成的关键时期。具体而言，首先，毛泽东等中国共产党人在革命斗争实践中灵活地运用马克思主义的立场、观点和方法分析研究中国问题，正确地找到了一条不同于苏联社会主义革命模式但符合中国国情的崭新革命道路，并逐步形成中国化的马克思主义理论；其次，以毛泽东为主要代表的中国共产党人在马克思主义理论指导下，坚持实事求是、独立自主的原则，积极同当时在党内影响很大的教条化理解马克思主

---

① 为行文方便，后文将中共六届七中全会通过的《关于若干历史问题的决议》简称为：延安时期的《历史决议》。
② 《毛泽东选集》第三卷，人民出版社，1991，第969页。
③ 《毛泽东选集》第二卷，人民出版社，1991，第602页。

义、神圣化对待共产国际决议和苏联经验的荒谬做法以及国内存在的种种错误思潮，展开了卓有成效的思想斗争和话语论争。在一定意义上说，毛泽东思想就是"在同这种错误倾向作斗争并深刻总结这方面的历史经验的过程中逐渐形成和发展起来的"[①]。诚然，毛泽东思想是马克思主义中国化的第一次历史性飞跃，为延安时期主流意识形态话语权构建提供了根本的立场、观点和方法。后来的革命实践也充分证明，中国共产党只有在掌握主流意识形态话语权后，才能减少外部因素对党所领导的中国革命事业造成的干扰，最终确立对意识形态话语权的自主性支配地位，扩大马克思主义话语在中国的影响力。

第三，培养造就了一支高素质的革命干部队伍，这是延安时期主流意识形态话语权构建的重要保障。中国共产党自成立以来，就公开声明自己是以马克思主义作为指导思想、以实现共产主义作为最终奋斗目标的无产阶级政党。因此，中国共产党始终注重用马克思主义先进思想武装全党和人民，注重抓好党员干部及群众的思想政治教育。经过大革命时期和土地革命时期特别是红军长征过程的洗礼，中国共产党保存、培养和造就了一支忠于党、忠于革命、忠于人民的党员干部队伍。毛泽东在中共七大上总结革命教训时指出，红军长征前曾达到三十万人，但长征结束时"三十万剩下不到三万，只有二万五千左右有组织的党员，还不到十分之一"[②]。留下来的党员虽然数量不多，但他们却是中国革命的种子、人民的精英、党和国家极其宝贵的财富，他们后来都为中国的革命和建设事业作出了重要贡献。长征胜利后，为适应形势的变化和抗日斗争的需要，中共中央于1938年3月作出了《关于大量发展党员的决议》，党的组织建设进入快速发展的轨道。随

---

① 《三中全会以来重要文献选编》（下），人民出版社，1982，第856页。
② 《毛泽东文集》第三卷，人民出版社，1996，第309页。

后开展的马克思主义学习运动，以及革命实践的锻炼，党更是培养、造就了这支具有崇高信仰、具有牺牲精神、能力过硬的党员干部队伍。更为重要的是，这支队伍善于运用马克思主义理论指导革命实践，为延安时期主流意识形态话语权构建准备了坚强的话语主体。

第四，致力于新民主主义文化建设，这是延安时期主流意识形态话语权构建的重要条件。中国共产党始终注重文化建设，深知文化反映并能够指导政治斗争和经济斗争，"文化是不可少的，任何社会没有文化就建设不起来"。[1]从话语的维度考察，文化是马克思主义话语权构建的重要维度。延安时期，中国共产党致力于推进"民族的、科学的、大众的"[2]新民主主义文化运动和文化建设，努力于马列主义著作的翻译与出版发行，创办党报党刊，推进党的新闻出版事业蓬勃发展，开展了以国民教育、社会教育和干部教育为标志的思想政治教育活动，促进新民主主义教育事业迈上了新台阶。更值得一提的是，毛泽东在《反对党八股》《在延安座谈会上的讲话》等文章中，强调了革命话语和马克思主义话语权的重要性，为主流意识形态话语权构建提供了理论和方法指导。延安时期所有这些关于新民主主义文化建设的成果，不仅提高了民众的政治觉悟、创立了大众化的话语体系、维护了党的局部执政权威，更为主流意识形态话语权的构建提供了良好的环境和条件，同时铸造了伟大的延安精神，赢得了国内外人士对中国共产党营造出的精神文化氛围的赞誉。著名民主人士黄炎培在1945年7月短暂考察延安后所写的《延安归来》中就称赞道："这种精神充分发挥出来，前途希望是无限的。"[3]

---

[1]《毛泽东文集》第三卷，人民出版社，1996，第110页。
[2]《毛泽东选集》第三卷，人民出版社，1991，第1058页。
[3] 黄炎培：《八十年来》，中国文史出版社，1982，第150页。

三、主流意识形态话语权的初步探索

自中国共产党成立到1935年之前，早期中国共产党人就运用马克思主义理论来阐述和解决中国的革命问题，在实践中对马克思主义话语权进行了初步探索和建设，积累了一些经验。但由于党内存在各种"左"、右倾错误思想和路线的影响，马克思主义话语权建设也受到了严重挫折。中国共产党关于话语权的早期探索，为延安时期主流意识形态话语权构建奠定了基础。

首先，坚持以马克思主义作为指导，形成正确的思想路线。诚然，马克思主义是科学的世界观和方法论。但恩格斯曾指出："马克思的整个世界观不是教义，而是方法。它提供的不是现成的教条，而是进一步研究的出发点和供这种研究使用的方法。"①毛泽东等中国共产党人没有死搬硬套，而是灵活运用马克思主义立场观点方法分析研究中国革命实践，深知"马克思列宁主义之箭，必须用了去射中国革命之的"②的道理。就像延安时期的《历史决议》指出的那样，"毛泽东同志从他进入中国革命事业的第一天起，就着重于应用马克思列宁主义的普遍真理以从事于对中国社会实际情况的调查研究，在土地革命战争时期，尤其再三再四地强调了'没有调查就没有发言权'的真理，再三再四地反对了教条主义和主观主义的危害。"③因此，新民主主义革命初期，中国共产党领导的中国革命事业尽管由于种种原因曾经出现过挫折，但最终还是确立了马克思主义实事求是的思想路线，并形成了中国化的马克思主义理论成果即毛泽东思想。早在1929年12月召

---

① 《马克思恩格斯选集》第四卷，人民出版社，2012，第664页。
② 《毛泽东选集》第三卷，人民出版社，1991，第820页。
③ 同上，第987页。

开的中国共产党红军第四军第九次代表大会（即"古田会议"）上，毛泽东就提出了"思想建党、政治建军"的原则和方法，即"主要是教育党员使党员的思想和党内的生活都政治化，科学化。"[①]1935年1月召开的遵义会议，确立毛泽东在党中央和中央红军的领导地位之后，中国共产党在以毛泽东为代表确立的正确思想路线的引领下，努力克服了20世纪二三十年代党内存在的"左"倾错误特别是"左"倾教条主义的严重危害，开创了党的建设和中国革命事业发展的新局面，并确立了正确的思想路线、组织路线和群众路线。可以说，延安时期主流意识形态话语权构建正是我们党坚持正确的思想路线引领和培育的结果。

其次，勇于同党内错误思想路线作斗争，争夺党内话语权。其实，中国共产党早期对主流意识形态话语权的初步探索，既面临种种错误思潮的挑战，也深受党内各种"左"、右倾错误的消极影响，使得这一时期马克思主义话语权遭遇挫折，但也正是在与党内错误思想的斗争中，积累了话语权建设的经验和教训。

新民主主义革命初期，由于幼年的中国共产党未能摆脱共产国际的影响，中国共产党内先后出现了一些错误的思想路线，主要包括陈独秀、瞿秋白、李立三、王明等人在中国革命早期接连犯过的要么极右要么极"左"的错误思想以及党内的自由主义思想等，给党的革命事业造成严重的危害，对主流意识形态话语权建设形成巨大挑战。尤其是土地革命后期以王明为代表的"左"倾教条主义错误，直接导致革命根据地第五次反"围剿"失败，中央红军被迫开始战略转移。面对复杂的严峻形势，以毛泽东、朱德为代表的党内"实事求是"派在与错误思想路线展开坚决斗争和话语权博弈的过程中，在理论上和政

[①]《毛泽东选集》第一卷，人民出版社，2012，第92页。

治上勇于实践、大胆探索，坚持实事求是、独立自主的原则，把马克思主义理论同中国实际紧密结合起来，探索并制定出符合中国国情的路线、方针、政策、策略，开创出一条异于往常的无产阶级革命道路，并在与其他社会思潮的斗争中逐渐取得了对马克思主义话语权的自主支配权。

再次，将马克思主义原理与中国文化有机融合，实现话语创新。马克思主义学说是源于欧洲工业文明时代的科学体系，是现代文明的结晶。20世纪初期，马克思主义一经传入中国，就成为中国先进知识分子救国救亡的旗帜和工人阶级斗争的思想武器。马克思主义在中国之所以能在中国得到广泛的传播，且被中国人民选择、接受、发扬，当然与马克思主义的真理性以及本身所具有的强大的生命力、冲击力、感染力密切相关，但也与毛泽东等中国共产党人在继承中国传统思想文化精髓的基础上，正确运用科学的方法构建中国式马克思主义理论和话语体系紧密相连。比如毛泽东在传承中国传统文化基础上[①]，于土地革命战争时期创建了"枪杆子里面出政权""农村包围城市，武装包围城市"等中国革命话语；抗日战争时期，毛泽东实现了从"工农武装割据"到"抗日民族统一战线"的革命话语转换；后来在推进中国革命的伟大斗争中，毛泽东继续创造了"三大法宝""人民民主专政""群众路线"等新民主主义的革命话语。中国共产党始终注重文化建设，深知文化反映并能够指导政治斗争和经济斗争，"文化是不可少的，任何社会没有文化就建设不起来"。[②]从话语的维度考察，文化是马克思主义话语权

[①] 有学者分析指出，马克思主义与中国传统文化具有价值契合点和学理上的一致性。具体体现在：第一，传统平均思想与共产主义社会构想的契合；第二，传统人学思想与马克思主义人学理论的契合；第三，经世重教、敢于斗争传统与马克思主义阶级斗争理论的契合。参见王涛：《马克思主义在中国是怎样传播的》，浙江工商大学出版社，2019，第35—36页。

[②]《毛泽东文集》第三卷，人民出版社，1996，第110页。

构建的重要维度。中国共产党人在将马克思主义与中国工农群众相结合的过程中，善于把马克思主义重要范畴与中国文化特别是汉语词汇相对接创造出符合中国特色的马克思主义话语符号系统，从而为主流意识形态话语权构建奠定了社会基础和话语基础。

总而言之，自中国共产党成立到1935年之前，早期中国共产党人面对错综复杂的话语环境，就自觉运用马克思主义科学理论结合革命实际，通过与种种错误思潮展开话语交锋，对马克思主义话语权进行了初步探索和建设，取得了一定的成就，而且为延安时期主流意识形态话语权构建积累了一些经验和方法。

第三节　主流意识形态话语权构建的制约因素

虽然延安时期主流意识形态话语权构建具有上述一些有利的条件，但制约和影响延安时期主流意识形态话语权构建的因素同样存在，主要有：陕甘宁边区和各解放区的物质因素，各革命根据地以农民为主体的社会环境，中国共产党内部因素，等等。

一、陕甘宁边区经济文化落后的现状

陕甘宁边区，地处我国黄土高原腹地，干旱少雨、风沙肆虐，自然环境非常恶劣，属于自然灾害的高发区。这些地区的"地理位置靠近内蒙古草原，历代都是帝国边疆的地区。当地气候与生态条件极为恶劣，有限的可耕地被黄土高原的梁峁沟壑分割成无规则的碎片，低

下的生产力以及不确定的收成使人们徘徊在生存的边缘"①。有学者直言:"这一地区是中国土地最贫瘠、地方最荒凉和人口最稀少的地区之一……"②不但当地气候和生态环境极为恶劣,而且自民国以来军阀混战、兵祸连连,土匪袭扰不已,整体环境动荡不安。

历史上,陕北地区就是自给自足的小农经济。20世纪30年代末40年代初该地区的经济即建立在这种落后的农村经济基础之上的,没有现代化的生产工具,"商业和手工业也极不发达,日用品基本上靠外地输入,当地集市体系衰落,手工产品没有市场,无法外销,农民日常生活中货币流量很小,很大程度上仍是以物易物;当地社会风俗习惯具有多重性,既有大传统从上至下的统治,又有小传统的自治平衡机制,同时受到蒙古草原游牧文化的影响。"③不仅如此,我国北方的"这种小农经济,在日本侵华战争中,又遭到极大的破坏"④。

可见,在中共中央和各路红军长征到达之前,地广人稀的陕甘宁边区自然环境恶劣,经济文化落后,是典型的农业社会。如此严峻的客观环境,肯定会对主流意识形态话语权构建产生制约、带来挑战,但是到达延安的中国共产党人并没有被苦难吓倒,反而是这种艰难而严峻的自然环境磨砺了他们的顽强意志,激发了他们"敢教日月换新天"的革命精神,最终形成伟大的延安精神。中国共产党及其军队的到来彻底改变了这里的面貌,经过中国共产党人几年的建设,延安成为人们向往的"圣地",连到访的外国记者对陕甘宁边区的建设都不吝

---

① [美]丛小平:《左润诉王银锁:20世纪40年代陕甘宁边区的妇女、婚姻与国家建构》,《开放时代》2009年第10期。

② [美]费正清:《剑桥中华民国史》(第二部),章建刚等译,上海人民出版社,1992,第688页。

③ 同①。

④ 魏宏远:《抗日战争与中国社会》,辽宁人民出版社,1997,第229页。

赞美之词："这个在西北贫瘠山中的窑洞小城生气勃勃，它是8年来中国共产党人的政治神经中枢，也是单枪匹马对日作战的大本营，同样将成为历史的记忆。"①诚然，贫瘠而偏远的陕甘宁地区之所以后来能够引起国内外众多人士的目光和首肯，当然离不开中国共产党正确的路线指引，同时也是延安时期主流意识形态话语权构建的成效之一。

二、根据地以农民为主体的社会环境

延安时期，中国共产党在探索马克思主义中国化的过程中，逐渐意识到农民对于中国革命的极端重要性，因为"农民问题乃国民革命的中心问题。农民不起来参加并拥护国民革命，国民革命不会成功"②。可以说，中国民主革命的核心问题是农民问题，实质上也就是无产阶级政党领导下的农民斗争。所以，中国共产党如何开展农民教育这一问题既是中共党史研究，同时还是我们进行马克思主义话语权研究的重要领域。

中国共产党直接领导和管理的陕甘宁边区和其他根据地大多是远离中心城市的边远的农村地区和山区，在这里生活的是祖祖辈辈繁衍于此的农民。由于自然环境恶劣，生产力水平低下，导致当地农民的文化素质十分落后，文盲和半文盲居多。林伯渠就曾指出，陕甘宁边区"过去是一块文化教育的荒地。学校稀少，知识分子若凤毛麟角，识字者亦极稀少"，比如在盐池县"100人中识字者有2人"，与之相近的"华池县则200人中仅有一人。平均起来，识字的人只占总人口的1%"。③与这种落后的文化教育背景相联系的是封建迷信意识、赌博恶

---

① [美]冈瑟·斯坦：《红色中国的挑战》，上海译文出版社，1999，第4页。
② 《毛泽东文集》第一卷，人民出版社，1993，第37页。
③ 《林伯渠文集》，华艺出版社，1996，第118页。

习甚至吸食鸦片等腐朽而落后的文化。这些封建遗迹影响了广大的群众，给党的建设尤其是思想理论建设带来挑战。毛泽东曾强调："这些都是群众脑子里的敌人。我们反对群众脑子里的敌人，常常比反对日本帝国主义还要困难些"①。这些都真实反映了当时构建主流意识形态话语权不得不面对的文化环境。

文化教育如此落后的社会状况，也是延安时期主流意识形态话语权构建的制约因素之一。但短短几年之后，中国共产党就展现出了其对农民文化教育的高超水平——不仅提高了农民的整体素质，培养出农民积极的抗战意识，更为主要的是在这个过程中成功地使农民获得了对马克思主义话语的认同。延安时期党在文化教育方面的措施与成就，不仅为新民主主义革命取得最终胜利营造了良好的社会氛围，同时也为新的历史条件下我们坚持以人民为中心繁荣发展文化事业、加强马克思主义话语权建设积累了宝贵经验。

三、党内错误思想路线产生消极影响

延安时期影响主流意识形态话语权构建的因素，除了物质条件、社会环境之外，还有中国共产党自身的因素。

虽然中国共产党是中国工人阶级的先锋队，但是由于党员成分的复杂，中国长期处于封建社会，自1840年后，又逐渐沦为半殖民地半封建社会，致使中共党内一些党员极易保留有封建主义遗毒，或是资本主义社会剥削阶级残余思想意识，这些都严重影响了党员干部的思想和行为。受此影响，延安时期主流意识形态话语权构建也面临着党内错误思想路线的挑战。1941年7月，刘少奇在《论党内斗争》中分

---

① 《毛泽东选集》第三卷，人民出版社，1991，第1011页。

析指出，党内"小资产阶级和农民的成分占着相当大的比重，并有若干游民成分"，这些都是我们党内经常出现"左"、右倾错误的"社会基础"和重要原因，虽然我们党形成了严格的自我批评和党内斗争，但这也"使我们的同志常常走到另一个极端，犯了另一个错误，就是常常使我们党内的斗争进行得过火，斗争得太厉害"，特别是党内一些同志"机械错误地了解列宁的原则，把列宁的原则绝对化"。[①] 这种小资产阶级的思想立场，特别是由此产生的那种教条化看待马克思主义理论、神圣化对待共产国际决议和苏联经验的荒谬做法，给延安时期党的建设和主流意识形态话语权构建带来极大的困难和挑战。

1945年形成的延安时期的《历史决议》指出，"要使党内思想完全统一于马克思列宁主义，还需要一个长时期的继续克服错误思想的斗争过程"，因此今后，"全党必须加强马克思列宁主义的思想教育，并着重联系中国革命的实践，以达到进一步地养成正确的党风，彻底地克服教条主义、经验主义、宗派主义、山头主义等项倾向之目的"。[②] 由此可见，做好全党的思想政治教育、克服党内错误思想路线的消极影响，从一开始就是延安时期主流意识形态话语权建设的一个重要方面。

那么，延安时期，党内错误思想给党的事业带来哪些影响？以毛泽东为代表的中国共产党人是如何与党内"左"、右倾错误思想路线作坚决的斗争？又是如何通过延安整风运动实现全党的空前团结一致？并在这一过程中逐步构建起主流意识形态话语权的呢？对于上述这些问题，因为行文的逻辑需要，本书将在后面的章节展开详细的分析和总结，系统梳理中国共产党在这方面的做法、策略及经验。

---

① 《建党以来重要文献选编（1921—1949）》第18册，中央文献出版社，2011，第454—455页。

② 《毛泽东选集》第三卷，人民出版社，1991，第998页。

第三章
延安时期主流意识形态话语权构建的历史进程

从1935年10月中共中央与中央红军到达陕北吴起镇,到1948年3月离开陕北迎接革命胜利的曙光,历时近13年的延安时期,在开创中国革命发展新局面的伟大斗争中,中国共产党逐步构建起主流意识形态话语权。本书在借鉴学界已有观点的基础上,以中共六届六中全会召开和延安整风运动全面开展这两次重大历史事件为分界线,将延安时期主流意识形态话语权构建的历程大致划分为三个阶段,以便归纳总结延安时期主流意识形态话语权构建的历史进程和实践特点。

第一节 主流意识形态话语权构建的初始阶段

1935年10月至1938年11月,这段时间是延安时期主流意识形态话语权构建的起步阶段。

全面抗战爆发后,团结国内外一切革命的力量共同反对日本帝国主义的侵略、推动建立抗日民族统一战线,成为当时中国共产党最为迫切的任务。但对于我们党如何建立广泛的统一战线、如何正确开展抗日战争这些问题，除了国民党的话语挑战和影响外，中国共产党内部意见也并不统一，尤其是1937年底王明从莫斯科回国以后对抗日民族统一战线的错误言论，导致共产党内部尤其是党内高层产生抗战路线的激烈话语冲突。争论的焦点集中在统一战线的领导权和游击战争的战略地位这两个问题上。经过不懈努力，最终确立了中国共产党在抗日民族统一战线的领导权，特别是毛泽东在总结实践基础上结合马克思主义哲学原理撰写出《实践论》《矛盾论》两部马克思主义哲学著作，奠定了马克思主义话语权构建的理论基础和方法指导。

一、争夺抗日民族统一战线的领导权

1935年12月，瓦窑堡会议召开，这次会议通过了《中共中央关于目前政治形势与党的任务的决议》。两天后，毛泽东在党的活动分子的会议上作了题为《论反对日本帝国主义的策略》的报告。上述决议和报告都鲜明指出，建立广泛的抗日民族统一战线是目前党的策略和任务，"左"倾冒险主义和关门主义是党内的主要危险。这就进一步说明我们党已经善于总结过去的经验教训，并在此基础之上能结合实际创造性地进行革命斗争。然而由于蒋介石在全国抗日救亡运动高涨时仍未改变其"攘外必先安内"的方针，直接导致1936年底震惊中外的西安事变。为了促成全国性的抗日统一战线，在中国共产党的积极斡旋下，西安事变得以和平解决。西安事变的和平解决，标志着国共第二次合作正式形成。与此同时，关于抗日民族统一战线的领导权问题正式摆在了中国共产党人面前。

早在1937年3月召开的中共中央政治局扩大会议上，毛泽东就已经谈到了抗日统一战线的领导权问题。毛泽东在会议上分析指出，"资产阶级从来都是想无产阶级服从它，做它的尾巴，这是应当着重说明

的，并加紧对群众的教育"，从而保障"党的独立性"。[①]在同年5月召开的中国共产党全国代表大会上，毛泽东更是明确强调了抗日民族统一战线中领导权以及话语权的意义。毛泽东指出："是无产阶级跟随资产阶级呢，还是资产阶级跟随无产阶级呢？这是中国革命领导责任的问题，是革命成败的关键。离开了无产阶级及其政党的政治领导，抗日民族统一战线就不能建立，和平、民主、抗战的目的就不能实现。"[②]在8月份召开的洛川会议上，毛泽东作了关于军事问题和国共两党关系问题的报告，会议通过了《中央关于目前形势与党的任务的决定》《中国共产党抗日救国十大纲领》和毛泽东起草的鼓动提纲，再次强调必须坚持统一战线中的无产阶级领导权。几个月后的11月12日，毛泽东在延安党的活动分子会议上进一步强调了全面持久抗战路线中"谁跟谁的问题"："在统一战线中，是无产阶级领导资产阶级呢，还是资产阶级领导无产阶级呢？是国民党吸引共产党呢，还是共产党吸引国民党呢？在当前的具体政治任务中，这个问题即是说：把国民党提高到共产党所主张的抗日救国十大纲领和全面抗战呢，还是把共产党降低到国民党的地主资产阶级专政和片面抗战呢？"[③]由此可见，抗战爆发以来，毛泽东非常重视中国共产党在统一战线中的领导权和话语权问题，确立了中共在抗日民族统一战线中的独立自主原则，制定和确定了党的全面抗战路线。

然而1937年11月29日王明受共产国际的指派从莫斯科回国后，却对中共中央前一阶段所确立的统一战线的"独立自主"原则提出了严厉指责。在中国共产党领导开展全民族统一抗战的关键时刻，王明的

---

① 《毛泽东年谱（1893—1949）》（修订本）上卷，中央文献出版社，2013，第667页。
② 同上，第675页。
③ 《毛泽东选集》第二卷，人民出版社，1991，第391页。

右倾机会主义路线给主流意识形态话语权构建产生了严重干扰。

王明在回国后首次参加的中共中央政治局会议（即十二月会议）上，就以《如何继续全国抗战与争取抗战胜利呢？》为题高谈阔论，提出了"一切为了抗日、一切经过抗日民族统一战线，一切服从抗日"的右倾错误主张，强调在统一战线中不应该是"谁领导谁"的问题，而应该是"共同负责，共同领导"。①王明实际上否认了抗日统一战线中存在阶级和阶级斗争，抹杀了国民党和共产党的原则区别，过分强调统一战线中的联合而影响了独立自主原则的贯彻，同时对党领导游击战争的作用也认识不足，忽视了到敌后建立根据地、开展游击战争。

针对王明"一切经过统一战线"的错误观点，毛泽东于会上进行了两次反驳，坚持认为洛川会议及其之后党所制定的方针、政策是正确的，尤其是统一战线中的独立自主原则。但由于王明宣布他的发言是按照共产国际和苏联领导人的指示意见而作的，他们都认为中国的反日斗争应紧紧依靠中国国民党来展开，因此党内一部分人对他产生了盲目的信赖，甚至参会的一些同志还根据王明的观点做了自我反省。以至于1943年11月毛泽东在主持中共中央政治局会议期间还回忆道："一九三七年十二月会议时，由于王明的回国，进攻中央路线，结果中断了遵义会议以后的中央路线。十二月会议我是孤独的，我只对持久战、游击战为主、统一战线中独立自主原则是坚持到底的。"②由于王明是共产国际派遣回来的，他关于统一战线的右倾错误观点在党内造成了较长时间的思想混乱，给党的工作造成了不小的损失。更为严重的是，党内围绕着统一战线领导权的话语论争，一直持续到此后召开的中共扩大的六届六中全会才得以结束。

---

① 《王明言论选集》，人民出版社，1982，第536页。
② 《毛泽东年谱（1893—1949）》（修订本）中卷，中央文献出版社，2013，第480页。

第三章　延安时期主流意识形态话语权构建的历史进程

在六届六中全会之前，还有两个关键人物对这一时期主流意识形态话语权构建起到了重要作用。那就是王稼祥和任弼时在共产国际的积极努力。王稼祥在第四次"围剿"斗争中负伤，身体非常虚弱。长征胜利到达陕北后不久，中共中央决定王稼祥赴苏联治疗。1937年11月王明回国后，正在莫斯科疗养的王稼祥受中央委派，接替王明担任中国共产党驻共产国际代表。王稼祥在工作期间，向共产国际真实反映了中国国内的形势以及以毛泽东为代表的中国共产党的各项政策，对共产国际了解中共的实际情况起了积极作用。共产国际在开会讨论时，"认为中国共产党的政治路线是正确的"，"完全同意中国共产党的政治路线"。[①]1938年初，任弼时也被党中央派去莫斯科向共产国际汇报中国抗战情况。任弼时在共产国际执委会主席团会议上的报告，阐明了以毛泽东等为领导的中国共产党的政治路线特别是抗日民族统一战线政策，得到了共产国际的高度肯定。1938年8月王稼祥回国前夕，共产国际负责人季米特洛夫特意强调了中共中央的领导问题：毛泽东同志是在革命实践中锻炼出来的中共领袖，全体中共党员应该坚决支持和拥护他，而王明等其他人就不要再与之争当领导人了。[②]王稼祥回国后传达了共产国际的指示，这为即将召开的中共六届六中全会做好了思想准备。

1938年秋冬之际，毛泽东在六届六中全会上作了政治报告，题目为《论新阶段》。他总结抗战以来的经验教训，不点名批评了王明"一切经过统一战线、一切服从统一战线"的错误论调，进一步强调了中国共产党在统一战线中坚持独立自主的重要性。毛泽东在报告中论述道："统一战线中，独立性不能超过统一性，而是服从统一性，统一战

[①] 徐泽浩：《王稼祥传》，当代中国出版社，1996，第293—295页。
[②] 章学新：《任弼时传》（修订本），中央文献出版社，2000，第532页。

线中的独立性，只是也只能是相对的东西。不这样做，就不算坚持统一战线，就要破坏团结对敌的总方针。但同时，决不能抹杀这种相对独立性，无论思想上也好，政治上也好，组织上也好，各党必须有相对自由权。如果被人抹杀或自己抛弃这种相对的独立性或自由权，也同样将破坏团结对敌，破坏统一战线。这是每个共产党员，同时也是每个友党党员，应该明白的。"①六届六中全会是中共历史上非常重要的一次会议，会议纠正了党内右倾错误，确立了党在统一战线的领导权，巩固了毛泽东在全党的领导地位，进一步统一了中央领导层在重大政治、组织原则上的认识，极大地推进了党的各项工作迅速发展。毛泽东后来在党的七大上说："六中全会是决定中国之命运的"。②

从话语权构建的角度来分析，延安时期主流意识形态话语权构建，是在与各种错误思想、路线、话语的持续论争中逐步确立的，正像毛泽东在中共七大上所作的口头政治报告中指出："力争领导权，力争独立自主的路线，是我们党中央的路线，是反映了全党大多数同志要求的路线，是反映了全国大多数人民要求的路线。这条路线是从哪里来的呢？是从天上掉下来的吗？不是。是从外国送来的吗？也不是。它是从中国自己的土地上生长出来的。鲁迅讲过：路是人走出来的。"③在这里，毛泽东借用鲁迅的话语形象比喻了中国共产党对抗日战争领导权以及主流意识形态话语权是在努力抗争中取得的。

统一战线是无产阶级及其政党的战略策略，也是中国共产党领导中国人民克敌制胜的重要法宝。统一战线理论形成于抗日战争初期，是具有鲜明中国特色的独创性理论，其中最为核心的是关于统一战线

---

① 中央档案馆编：《中共中央文件选编》第11册，中共中央党校出版社，1991，第646页。
② 《中国共产党的九十年（新民主主义革命时期）》，中共党史出版社，2016，第204页。
③ 《毛泽东文集》第三卷，人民出版社，1996，第315页。

的领导权问题。延安时期，以毛泽东为代表的中国共产党人高度重视抗日统一战线的领导权问题，在与党内外各种错误思想路线的话语论争中，正式开启了马克思主义的话语创新以及对主流意识形态话语权构建方法的理论探索。

二、争辩抗日游击战争的战略性地位

在抗日民族统一战线的大背景下，中国工农红军被正式改编为国民革命军第八路军，纳入进了国民政府所领导的战时军队体系，并服从于国民革命军最高统帅蒋介石的指挥。那么，在复杂的时代背景下，如何保持中国共产党所领导的抗日武装的本色，如何落实从古田会议以来所确定的党对军队绝对领导、"党必须指挥枪"这一根本原则呢？还有更为重要的一点，八路军的作战区域和作战方式又该如何选择呢？这些都是摆在中国共产党面前、决定党的生死攸关的重大课题。这些问题如果处理不好，将直接影响主流意识形态话语权构建以及党的进一步发展壮大。这方面的论争主要体现在，党外与国民党蒋介石当局、党内与王明右倾错误的话语较量。

1937年8月，日军大举进攻上海，直接威胁到国民党统治的心腹地区，国民党急欲调动红军开赴抗日前线，随后接受了中国共产党关于团结一致抗日的主张，把在陕甘地区的红军主力和南方各省的大部分红军游击队分别改编为八路军、新四军。其实，蒋介石的意图很明确，他妄想八路军全部开赴抗日前线，并在指定区域担负正面战场的防御任务；同时，在国共合作中借机削弱、取消、"收编"中国共产党及其军队。故此，国民党开始发动舆论攻势。1938年初，国民党御用文人在《扫荡报》等刊物上大肆宣扬中国理应只要一个"主义""领袖""政党"和"军队"的主张，拐弯抹角般将中国共产党及其领导下的政府和军队，斥责为妨碍和破坏国家统一的三大要素。①在政治上，国民党于1939年1月召开的五届五中全会以"整理党务"为幌子，实际上却谋划了"防共、溶共、限共"的计划，秘密制定了《共产党问题处置办法》《异党问题处理办法》《沦陷区防范共党活动办法草案》《运用保甲组织防止异党活动办法》等文件，展开与共产党的斗争。

面对蒋介石国民党实施的阴谋活动，毛泽东、王稼祥等中共领导人头脑是清晰的，态度是坚决的，努力做到了"坚持保持共产党人本身在政治组织上的独立性"②。1939年10月4日，毛泽东在《〈共产党人〉发刊词》中就指出："统一战线虽然建立了并坚持了三年之久，可是资产阶级特别是大资产阶级却时时刻刻在企图破坏我们的党，大资产阶级投降派和顽固派所指挥的严重的摩擦斗争在全国进行着，反共之声喧嚣不已。"③毛泽东强调，之所以会出现这样的情形，在于国民党顽固派一直想用与中共及其军队摩擦的方式向帝国主义投降、破坏当前的统一战线，以使中国重新退回到原来四分五裂的状态。因此，他们积极筹划各种反共方案来消除共产党及其掌控的军队。那么，我们该怎么办呢？我们的应对办法就是与这种分裂统一战线的行为进行坚决地斗争，反对分裂、反对投降、反对倒退，尽一切办法保持两党合作，保持国内团结；同时，我们还要加强党的自身建设、加强军队建设，发动人民群众揭露国民党的反共阴谋；最主要的一点是要掌握对统一战线的领导权和主动权；要完成这项艰巨的任务，必须要求全体中共党员和各级党组织共同努力，以正确的方式同国民党的这些顽固分子和投降分子开展顽强的斗争。事实上，保持共产党人在统一战

---

① 杨奎松：《国民党的"联共"与"反共"》，社会科学文献出版社，2008，第396页。
② 中央档案馆编：《中共中央文件选集》第11册，中共中央党校出版社，1991，第756页。
③《毛泽东选集》第二卷，人民出版社，1991，第612页。

线的独立自主性、反对国民党当局的分裂行径，是与中国共产党在敌后开展抗日游击战的战略紧密联系在一起的。

当时，在中国共产党内部，党内高层对于红军改编后八路军作战区域和作战方式的意见也并不统一。王明回国后，基于对统一战线领导权的忽视，他在1937年12月会议上提出要以运动战的方式配合国民党的正规军作战。在1938年3月召开的政治局会议上，王明又提出了以运动战为主，以阵地战、游击战为辅的错误策略。时任中共长江局书记的王明后来更是直接拒绝在武汉《新华日报》上发表毛泽东的《论持久战》，这对于中共抗战的局势极为不利。与之相反的是，面对敌强我弱，特别是拥有强大战争武器的日本帝国主义，以毛泽东为代表的中共实事求是派已经清晰地得出结论：必须依靠广泛持久的游击战争才能最终取得抗日战争的胜利。

毛泽东历来重视游击战争的重要性。关于红军作战的原则问题，毛泽东早在1937年8月发给与国民党谈判的周恩来等人的电报中就强调指出，"在整个战略方针下执行独立自主的分散作战的游击战争，而不是阵地战，也不是集中作战"[1]。1938年春，毛泽东倾注大量心血撰写了《论持久战》和《抗日游击战争的战略问题》两篇军事理论著作，运用马克思主义的立场、观点和方法，科学分析了中日双方的特点，深刻阐明了游击战争在整个抗日战争中的重要作用，并且明确要求"把游击战争的问题放在战略的观点上加以考察"[2]。

关于游击战争问题，党和军队许多领导人都进行了探讨和论述，例如朱德《实行对日抗战》、彭德怀《争取持久抗战胜利的几个先决问题》、刘少奇《关于抗日游击战争中的政策问题》、周恩来《怎样进行

---

[1]《毛泽东军事文集》第二卷，军事科学出版社、中央文献出版社，1993，第20页。
[2]《毛泽东选集》第二卷，人民出版社，1991，第405页。

持久抗战》等，都对如何开展游击战争、怎样认识游击战争等问题提出了正确的看法。[①]在洛川会议上，中共中央正式确定八路军的战略方针是独立自主的山地游击战。之后，通过对敌后战场的开辟和敌后抗日根据地的创建经验的总结，毛泽东把它概括为："基本的是游击战，但不放松有利条件下的运动战"[②]的作战方针。后来的战争走向，事实证明了中国共产党抗日游击战争战略的正确性：正是由于八路军在华北敌占区375个县的85%的地区发动了游击战争，才迫使日军将20余万大军分兵把守占领地，从而瓦解了日军的进攻能力，使得中国抗日战争实现了由战略防御向战略相持阶段的转变。

延安时期特别是抗战时期，在毛泽东等人的努力下，中国共产党领导的人民军队在军事战略上实行了由土地革命战争时期的运动战向抗日战争时期的游击战争的重大转变。毛泽东对游击战争战略地位的高度重视，为争取抗战最后胜利起了重要促进作用。而抗日游击战争作战方针的最终形成，正是毛泽东等人通过与国民党蒋介石以及王明等中共党内高层的激烈话语争锋中才得以最终确立和阐明的。

三、毛泽东撰写《实践论》《矛盾论》

这一时期，最重要的理论成果是毛泽东在认真研究辩证唯物主义的基础上撰写完成的《实践论》和《矛盾论》两本著作（简称《两论》）。这两篇哲学著作的诞生，是马克思主义科学世界观同中国革命的具体实践和中华优秀传统文化相结合的伟大结晶，是毛泽东哲学思想达到理论化、系统化的标志，同时也为马克思主义的话语创新和主流意识形态话语权构建提供了坚实的哲学基础。

---

① 王纪刚：《延安1938》，太白文艺出版社，2018，第200—201页。
② 《毛泽东选集》第二卷，人民出版社，1991，第500页。

《实践论》的书名就已表明，毛泽东是要用马克思主义的实践观、认识论来批判中国共产党内部长期存在的教条主义、冒险主义、机会主义、经验主义等不正确思想，尤其是重点揭露并批判教条主义等种种不重视实践的错误行径。同时，《实践论》还在大量吸收马克思列宁哲学成就基础上，又批判继承了中华传统优秀文化的精髓，用中国的语言和思维方法，通俗且系统地阐明了辩证唯物主义认识论，并在很多方面进行了理论发展和话语创新。比如在论述实践是认识的来源这一原理时，毛泽东写道："你要有知识，你就得参加变革现实的实践。你要知道梨子的滋味，你就得变革梨子，亲口吃一吃。"[1]这些话语把深奥的道理用通俗易懂的语言表述了出来，让读者很容易听懂，提升了马克思主义理论及其话语的亲和力、吸引力和影响力。

《矛盾论》则系统阐发了唯物辩证法的根本规律，集中研究了矛盾普遍性和特殊性、矛盾同一性和斗争性的相互关系，从方法论上批判了"左"、右倾的错误，指出："教条主义者不遵守这个原则，他们不了解诸种革命情况的区别，因而也不了解应当用不同的方法去解决不同的矛盾，而只是千篇一律地使用一种自以为是不可改变的公式到处硬套，这就只能使革命遭受挫折，或者将本来做得好的事情弄得很坏。"[2]《矛盾论》极大地丰富了唯物辩证法的宇宙观，是唯物辩证法的精髓，也是中国共产党人和中国人民认识问题、解决问题的锐利思想武器，在马克思主义哲学史上亦占有重要位置。

总之，毛泽东的《实践论》《矛盾论》是马克思主义哲学创新和话语创新的光辉典范，在理论上辨明了中国共产党人如何正确认识马克思主义这一重要的问题，为延安时期主流意识形态话语权构建奠定了

---

[1]《毛泽东选集》第一卷，人民出版社，1991，第287页。
[2] 同上，第311页。

坚实的哲学基础，提供了根本的思想指导和科学的方法论基础。

第二节　主流意识形态话语权构建的发展阶段

　　1938年11月至1942年2月，这段时间是延安时期主流意识形态话语权构建的巩固和发展阶段。

　　从1938年11月中共六届六中全会胜利闭幕到1942年2月全党整风运动开始，主流意识形态话语权构建在与国民党反共政策的舆论的博弈中逐渐成熟并得到了巩固和发展。这一时期的主要成果体现在：正式提出了"马克思主义中国化"的命题，中国共产党的马克思主义核心话语即新民主主义的理论话语得到了系统阐述，并在开启全党的马克思主义学习运动中促使全党的思想认识达到一致。

一、提出"马克思主义中国化"命题

　　在革命实践中将马克思主义理论与中国实际结合起来，实现马克思主义中国化的理论成果和话语体系，是延安时期党的建设中重大而紧迫的课题，甚至直接关系到中国共产党及其领导的中国革命的前途命运。在毛泽东的带领下，中国共产党成功破解了这一时代课题，为党的发展壮大、为新民主主义革命取得胜利、为主流意识形态话语权构建奠定了思想理论基础。然而"马克思主义中国化"这一伟大命题的提出，是在与各种思想的激荡中产生的，其间经历了一个复杂的历史过程。

　　早在大革命时期和土地革命时期，中国共产党在领导红军战争和根据地建设的过程中，通过艰难探索，于1930年前后，终于找到了一条农村包围城市、武装夺取政权的革命道路。这是一条不同于俄国十

月革命以城市为中心的中国式独特道路。这条道路是中国共产党在领导中国革命中经历了多次严重挫折并在实践中不断探索积累经验的基础上形成的，是党和人民集体智慧的结晶。当然，也离不开毛泽东等人的卓越贡献。毛泽东不仅在实践中领导开辟了井冈山革命根据地，而且从理论上对中国革命道路问题作了初步说明，这一成果就是他经过广泛调查研究之后所撰写的《反对本本主义》这篇著作。

在大革命时期，刚成立不久的中国共产党由于照搬苏联十月革命的经验，在国共合作进行的北伐战争中，走的是以城市为中心夺取政权的革命道路，革命最终失败了。毛泽东等人逐渐意识到苏联的革命方法并不完全适合中国的国情，而要作出正确决策，必须对中国革命的社会环境进行周密的调查研究。基于此，1930年5月，当红四军在攻克寻乌县城后在此停留了一个月时间。其间毛泽东利用难得的机会展开了广泛的社会调查，后来整理成8万多字的《寻乌调查》报告，为后来中共制定正确的土地政策积累了第一手材料。与此同时，毛泽东对多年来他关于社会调查工作的思考进行理论总结，写出了《反对本本主义》一文。在这篇文章的开端，毛泽东就鲜明地提出了"没有调查，就没有发言权"[1]的口号，表明了中国共产党人对唯心主义和教条主义的坚决杜绝，也可以看作是"马克思主义中国化"的开端，原因在于对马克思主义理论的学习，一定要与中国的具体情形相统一，必须把马克思主义理论与中国的实际情况相结合。

后来在长征途中，毛泽东等人通过与"左"倾错误的坚决斗争，进一步推进了马克思主义中国化，最终在1935年初召开了遵义会议，初步确立了毛泽东正确军事路线方针在中央的指导地位，尔后马克思主义中国化的成果不断丰富。1936年12月，毛泽东写下了《中国革命

---

[1]《毛泽东选集》第一卷，人民出版社，1991，第109页。

战争的战略问题》，总结土地革命战争的经验，系统阐明了中国革命战争中的诸多战略问题，特别是开始从军事上反对和清算教条主义的错误。可惜，由于共产国际的影响，党内并没有达成共识，也没有引起其他人员的高度关注。

在1938年9月至11月召开的六届六中全会，毛泽东第一次明确提出了"马克思主义中国化"这一重大命题。至此，"中国""中国特点""中国化"等字眼和话语才被广大党员和人民群众广泛接受和认同。毛泽东在这次会议上所作的政治报告《论新阶段》中鲜明指出："离开中国特点来谈马克思主义，只是抽象的空洞的马克思主义。因此，马克思主义中国化，使之在每一表现中带有必须有的中国特性，即是说，按照中国的特点去应用它，成为党亟待了解并亟待解决的问题。"①这段话启示我们，只有在不断推进马克思主义中国化的过程中，只有在运用马克思主义理论不断回答中国革命实践中的现实问题时，主流意识形态话语权才能真正确立起来。

二、系统阐述新民主主义的理论话语

延安时期，"马克思主义中国化"之最大的理论成果和话语创新，就是新民主主义理论话语的形成。这是毛泽东等中国共产党人对中国近代革命运动特别是中国共产党成立以来中国革命的经验教训的总结和升华，标志着这一时期中国化马克思主义即毛泽东思想逐步走向成熟，也标志着中国共产党关于马克思主义的核心话语得以形成。

1939年12月，毛泽东在《中国革命和中国共产党》一文中，第一次提出并阐述了"新民主主义革命"的观点，揭示了中国革命的基本

---

① 《建党以来重要文献选编（1921—1949）》第15册，中央文献出版社，2011，第651页。

第三章　延安时期主流意识形态话语权构建的历史进程

规律，指明了中国革命的前途，开始了新民主主义理论话语的构建，为新民主革命提供了指导方针。毛泽东指出，新民主主义革命的对象"不是别的，就是帝国主义和封建主义，就是帝国主义国家的资产阶级和本国的地主阶级"①。即是说，中国革命的主要对象是两个：帝国主义、封建主义。由于帝国主义与封建主义是相互关联、互相支持的，这就决定了新民主主义革命的主要任务是推翻帝国主义及其帮凶封建主义的统治。在半殖民地半封建社会，中国农民受到帝国主义和封建主义的双重压迫，他们起来革命的愿望会更加强烈，会成为中国革命的主力军。②通过分析，毛泽东得出结论，中国革命是新民主主义革命，其性质是资产阶级民主主义的革命；这一革命的主要动力包括工人、农民、城市小资产阶级和民族资产阶级，主要任务是在中国共产党领导下的反帝国主义和封建主义。③因此，新民主主义革命的前途是指向社会主义的。

毛泽东在文末总结中国革命的两重任务时，特别强调了中国共产党的领导问题。毛泽东指出："两重任务的领导，都是担负在中国无产阶级的政党——中国共产党的双肩之上，离开了中国共产党的领导，任何革命都不能成功。"④毛泽东在这里实质强调的是无产阶级的领导权问题。无产阶级领导权既是新民主主义革命理论的核心问题，也是马克思主义话语权构建的基础问题。因为，话语权是意识形态思想领导权的实现方式和实现路径，"坚持马克思主义在我国意识形态领域的指导地位，首先要维护马克思主义的话语权。"⑤

---

① 《毛泽东选集》第二卷，人民出版社，1991，第633页。
② 同上，第637页。
③ 同上，第647页。
④ 同上，第651页。
⑤ 侯惠勤：《意识形态话语权初探》，《马克思主义研究》2014年第12期。

毛泽东1940年1月所写的《新民主主义论》是对《中国革命和中国共产党》中关于新民主主义观点的深化和发展。毛泽东在《新民主主义》中，系统论述了新民主主义革命的政治、经济、文化纲领，并深刻阐明了党领导的新民主主义革命和社会主义革命、党的最低纲领和最高纲领之间的辩证统一关系。

特别值得关注的是，由于三民主义是孙中山最先提出并被蒋介石国民党大肆宣扬的强势话语，因此，新民主主义理论话语的诞生必然会伴随国共两党之间特别是新、旧三民主义之间的话语较量。比如毛泽东在《新民主主义论》后面部分着重展开了对资产阶级顽固派之思想和话语的批驳，指出：三民主义具有新旧、真假之分，现在中国革命需要的是经过孙中山先生改造过的新三民主义或曰真三民主义，即联俄、联共、扶助农工的三民主义，那些"没有三大政策，或三大政策缺一，在新时期中，就都是伪三民主义，或半三民主义"[1]。通过系列阐述，中国共产党形成了新民主主义理论话语。

三、开启全党的马克思主义学习运动

与新民主主义理论话语的产生和形成有一个过程一样，全党对新民主主义理论话语的认识和接受也有一个过程。延安时期，在中国共产党直接领导下的陕甘宁边区和其他根据地，尽管物资匮乏、环境艰苦，但人们的精神面貌却奋发有为、积极向上。原因之一在于，自1938年召开的六届六中全会开始，中国共产党内部自上而下掀起了一场前所未有的马克思主义"学习运动"[2]，不仅提高了全体党员的理论文化水平，也提升了根据地广大民众的思想精神境界。

---

[1]《毛泽东选集》第二卷，人民出版社，1991，第690页。
[2]《建党以来重要文献选编（1921—1949）》第16册，中央文献出版社，2011，第316页。

第三章 延安时期主流意识形态话语权构建的历史进程

1938年秋,毛泽东在中共六届六中全会上所作的《论新阶级》的长篇报告中向全党发出号召,"从我们这次扩大的六中全会之后,来一个全党的学习竞赛,看谁真正学到了一点东西,看谁学得更多一点,更好一点",并且强调"学习理论是胜利的条件"。[1]刘少奇、陈云等人也强调了学习马克思主义理论的重要意义。1939年7月,刘少奇在《论共产党员的修养》中指出,共产党员要"认真地学习马克思列宁主义的理论和方法,掌握马克思列宁主义的精神和实质"[2]。1939年12月,陈云更是强调,学习马克思主义理论"是每个党员的责任"[3]。

经过一段时间理论学习活动的实践摸索,中共中央陆续制定了一系列切实可行的学习制度。1940年1月,中共中央《关于干部学习的指示》中规定,"全党干部都应当学习和研究马列主义的理论及其在中国的具体应用",课程设置按照由浅入深的原则开设初级、中级和高级课程,随后不久,中央又发布了《关于在职干部教育的指示》,要求"各级组织的领导干部尤其是主要领导干部,必须以身作则地领导与提倡其他干部的学习。建立在职干部平均每日学习两小时的制度,并保持其持久性和经常性"。[4]为了加强对干部学习的统一领导,中央还成立了"中央干部教育部"。与此同时,党中央还把每年的5月5日即马克思诞辰定为"干部学习节",总结学习经验并对学习模范进行奖励。据说,在第一届"干部学习节"上,朱德总司令就被评为学习模范。就这样,中共六届六中全会之后,在党的高级领导人的带领下,一场轰轰烈烈的马克思主义理论学习和思想政治教育活动,在党员干部中率先展开了。

---

[1]《建党以来重要文献选编(1921—1949)》第15册,中央文献出版社,2011,第650页。
[2]《刘少奇选集》上卷,人民出版社,1981,第107页。
[3]《陈云论党的建设》,中央文献出版社,1995,第105页。
[4]《建党以来重要文献选编(1921—1949)》第17册,中央文献出版社,2011,第2页。

从话语权构建的角度看，中共六届六中全会之后掀起的这场马克思主义"学习运动"，是加强党的建设尤其是加强主流意识形态话语权建设的重要前提和根本举措，也是延安时期主流意识形态话语权构建进入巩固发展阶段的重要标志。20世纪三四十年代，中国共产党之所以要开启这场"学习运动"，其原因主要有三个。首先，这是由中国共产党肩负领导中国革命的历史任务决定的。毛泽东强调，在中国要领导"几千万、几万万人的革命，假使没有学问，是不成的，共产党人就应该懂得各种各样的事情"，"要领导革命就须要学习"。[1]这也是这次学习活动最先在党员领导干部中开展的主要原因。其次，克服和纠正党内"左"倾错误思想的需要。在此之前，中共曾先后发生过瞿秋白、李立三、王明等三次"左"的错误，特别是王明的"左"倾教条主义错误思想在党内的影响时间最长，给中国革命事业带来的危害也最大。虽然遵义会议及时制止了他在军事上和组织上对党的影响，但思想上的问题一直未彻底解决。1940年3月，王明竟然又悄悄印刷了一本小册子，题目为《两条路线——为中共更加布尔什维克化而斗争》，这是他于20世纪30年代初写的隐藏其"左"倾机会主义错误的作品，容易在党员干部中造成思想混乱。再次，中共领导人反思与共产国际关系的必然结果。中国共产党作为共产国际的一个支部，必然受共产国际指示精神的影响，可共产国际未必能真实了解中国革命和中共党内的实际情况，往往会造成对中国共产党的错误指示。1941年1月的皖南事变，使新四军遭到惨重损失。这其中与共产国际在事变发生前武断否定中国共产党的正确意见有关联。这件事件发生后，毛泽东等中共领导人开始思索，如何从实质上摆脱共产国际对中国革命的干预，如何从思想根源上破除党员干部将共产国际指示神圣化、教条

---

[1] 《毛泽东文集》第二卷，人民出版社，1993，第177页。

第三章 延安时期主流意识形态话语权构建的历史进程

化的习惯，如何尽快改变与共产国际的关系。从这个角度看，皖南事变，可以说是促使中国共产党发起延安整风运动的直接原因之一。

在1941年5召开的延安高级干部会议上，毛泽东作了报告，他在题目为《改造我们的学习》的报告中重点谈到了主观主义的问题，强调唯有学会运用马克思主义的立场、观点和方法来分析问题、"来具体地研究中国的现状和中国的历史，具体地分析中国革命问题和解决中国革命问题"①的人，才是真正的马克思主义者。同年9月10日至22日，中共中央召开政治局扩大会议（即九月会议），使党的中层以上干部通过党史学习，汲取经验教训，在党的方针政策上形成较为统一的看法，意志更加坚定，为后期开展更加普遍的整风运动做好了准备。

需要在此说明的是，延安整风运动分为两个批次、两个阶段开展：党的高级干部整风、一般干部和广大党员整风，共经历了准备阶段、普遍整风阶段、总结经验阶段三个历史阶段。本书没有把这三个阶段完整地放在一起讨论，仅仅是为了整本书的整体逻辑框架考虑。笔者认为延安整风运动前期的马克思主义学习运动，是延安时期马克思主义话语权构建进入巩固发展阶段的标志，经过整风运动后两个阶段特别是《关于若干历史问题的决议》的出台，才表明延安时期主流意识形态话语权构建到了理论总结和升华阶段，但这一阶段的学习活动为全党普遍开展整风学习作了良好的开端，也积累了经验。

第三节 主流意识形态话语权构建的升华阶段

1942年2月至1948年3月，这段时期是延安时期主流意识形态话

---

① 《毛泽东选集》第三卷，人民出版社，1991，第797页。

语权构建在前期巩固发展基础上步入升华阶段。

这段时期的主要成果是通过全党普遍的整风学习，形成了延安时期的《历史决议》，统一了全党思想，达成了话语共识，形成了中国化马克思主义话语体系即毛泽东思想话语，并在毛泽东思想的指引下取得了抗日战争的胜利。抗日战争胜利后，蒋介石政府挑起全面内战。中国共产党在反对内战，争取和平民主统一的斗争中，在经济、政治、军事实力变得更加强大的基础上最终确立了主流意识形态话语权。

一、通过《关于若干历史问题的决议》

1942年2月，在中央党校开学仪式和延安干部会议上，毛泽东先后作了《整顿党的作风》《反对党八股》的讲演，标志着延安整风运动在全党范围内普遍展开。这一时期的主要内容是整顿三风，与之相对应的主要内容是反对主观主义以整顿学风、反对宗派主义以整顿党风、反对党八股以整顿文风。毛泽东在《整顿党的作风》《反对党八股》两篇报告中，明确了这次整风的方针：惩前毖后和治病救人。为了重点推进，中共中央从马列经典著作和中央文件中选取了22个文件作为党员必读材料。为了分清路线是非、提高广大党员干部的党性修养，中共中央书记处组织领导将六大以来的500多份文件汇编成册，供广大干部阅读。

1942年5月下旬，中共中央政治局决定成立由毛泽东任主任的"总学委"。在总学委的领导下，延安各单位、各系统包括中央机关和陕甘宁边区等都分别成立了各自的分委员会，毛泽东、周恩来、刘少奇、朱德、彭德怀等中央领导人带头参加整风学习，使整风运动取得了良好成效。1942年5月23日，延安文艺座谈会召开，毛泽东在会上发表重要讲话，深刻阐明和发展了马克思主义的文艺理论，为中国革命文艺的发展指明了正确方向。

自1943年10月起，延安整风运动进行到总结提升阶段。在此期间，党的领导干部继续学习党的历史、明确党的路线问题，对之前的经验教训进行总结以便形成结论。经过这一过程，党的高级干部在党的路线和是非问题上提升了认识，最终在深入总结历史经验的基础上达成了共识，形成并制定了延安时期的《历史决议》这一党的重要文献，标志着延安整风运动至此圆满收官，极大地推动了马克思主义中国化的进程。

《关于若干历史问题的决议》，历经十年的等待，四年的起草，前后十多次的修改，倾注了毛泽东、任弼时、张闻天等党的领导人的心血，凝聚了全党的集体智慧。在中共党史研究基础上形成的这一伟大的历史文献，是将马克思主义理论运用到中国具体实践而形成的结晶，它把延安整风运动的积极成果以决议的形式肯定了下来，在中国共产党的历史上具有重要的意义，同时也彰显了新时期我们学习党史的重要性之所在。[①]延安整风运动以及《关于若干历史问题的决议》的出台，凸显了学习党史、加强意识形态话语权建设的重要性。

（一）统一思想认识，坚定理想信念

新民主主义革命初期，由于幼年的中国共产党未能摆脱共产国际的影响，中国共产党内先后出现了一些错误的思想路线——陈独秀、瞿秋白、李立山、王明等人在中国革命初期，都先后犯了右倾或者"左"倾的思想错误——给党的革命事业造成了严重的危害。尤其是土地革命后期以王明为代表的"左"倾教条主义错误，直接导致革命根据地第五次反"围剿"失败，中央红军被迫开始战略转移。虽然1935

---

① 该部分内容，笔者以题为《论学习党史的重要性——以延安时期〈历史决议〉的出台为例》发表于《中学政治教学参考》2021年第32期，发表时内容略有改动。

年长征途中的遵义会议上结束了王明"左"倾错误在党内的统治，1938年召开的中共六届六中全会进一步肯定了毛泽东的正确主张，但王明的"左"倾错误尚未来得及认真清算，在党内还有一些党员干部没有认清"左"倾教条主义的危害和实质。因此，总结吸取历史经验和教训、统一全党认识，成为当时党所面临的一项艰巨的历史任务。1941年5月，在延安高级干部会议上，毛泽东以《改造我们的学习》这篇报告，正式拉开了延安整风运动的序幕。为了统一干部思想，1941年9月10日至10月22日，中共中央召开政治局扩大会议（又称"九月会议"），决定在党的高级干部中开展党史学习和研究，重点讨论党在历史上的思想路线问题，通过总结经验、吸取教训，最终形成对历史问题的决议。在此背景下，《关于若干历史问题的决议》自1941年酝酿到1945年通过，前后历时四年多时间，贯穿了延安整风的全过程。其间，毛泽东或亲自主持或号召编撰了《六大以来》《六大以前》《两条路线》等党史文件汇编，要求广大党员、干部尤其是高级干部认真学习研究党的历史问题。在决议出台的过程中，广大党员干部通过学习和讨论，普遍提高了马克思主义理论水平，从政治路线上分清了是非，在思想上达成了基本一致的认识，在组织上形成了空前的团结统一，为夺取抗日战争和新民主主义革命的最终胜利奠定了坚实的思想政治基础。

近年来，以习近平同志为核心的党中央也在全党广泛开展了党史学习教育活动。这是党中央"立足党的百年历史新起点、统筹中华民族伟大复兴战略全局和世界百年未有之大变局、为动员全党全国满怀信心投身全面建设社会主义现代化国家而作出的重大决策"[1]。建党一

---

[1]《学党史悟思想办实事开新局 以优异成绩迎接建党一百周年》，《人民日报》2021年2月21日，第1版。

百年来，我们党坚定贯彻解放思想、实事求是的思想路线，坚持"两个结合"，不断开辟马克思主义中国化时代化的新篇章，形成了毛泽东思想和中国化时代化的马克思主义理论体系，指引着党和国家事业不断前进。新时期深入开展党史学习教育，就是要教育引导全体党员和干部从党的百年奋斗史中感受到马克思主义的真理伟力，加深对马克思主义理论及其特点的深刻把握，尤其是深化理解新时代以来党能够团结带领中华儿女取得卓越成绩的理论原因。认真学习贯彻党的创新理论最新成果，通过学习历史、学习党史汲取不断前进的力量，真正做到"学史明理、学史增信、学史崇德、学史力行"，教育引领全体党员和干部坚定对共产主义的信念，坚定对中国特色社会主义道路的信心，着实提升党员干部的"政治三力"，通过党史学习教育，激励全党全国各族人民以昂扬姿态奋力开启全面建设社会主义现代化国家新征程。

（二）总结经验教训，获得规律性认识

延安时期形成的《历史决议》，是中国共产党在领导中国人民开展广泛而深刻的民族解放运动和民主革命而展开的经验教训的总结，是反映我们党"历史过程"和"思想历程"的重要成果。《关于若干历史问题的决议》通过对大革命时期和土地革命时期中国共产党的两次胜利与两次失败经历的反复比较，特别是对当时党内存在的正确思想路线和错误思想路线对党和革命事业所造成的一正一反的影响的两相权衡，深刻阐述了"左"、右倾错误的危害，重点剖析了"左"倾路线产生的社会根源，阐明了我们党克服错误思想的正确教育方法。中国共产党经过这次集中学习和研究党的历史，以《关于若干历史问题的决议》的形式正确地总结了党的二十四年的革命斗争经验和教训，形成了对中国革命的规律性认识，肯定了毛泽东及其思想的正确性，并在随后召开的党的七大上把毛泽东思想确立为党的指导思想。从此，在毛泽东思想的正确指引下，党领导人民连续取得了新民主主义革命和社会主义改造的伟大胜利，建立了新中国，奠定了中国社会主义制度的根基。

恩格斯曾说，"历史就是我们的一切"[1]，这表明马克思主义政党具有总结历史经验教训、指导革命运动的政治优势。现实中，我们党也历来重视对历史经验教训的总结和吸取。早在1942年，毛泽东就创作了《如何研究中共党史》的文章，在这篇文章中他强调："如果不把党的历史搞清楚，不把党在历史上所走的路搞清楚，便不能把事情办得更好。"[2]《关于若干历史问题的决议》，正是在深刻总结党所取得的宝贵经验和经历的失误挫折的基础上，统一了思想认识、凝聚了党心民心，推进了党和革命事业的不断发展。回顾党的历史，我们党之所以能够取得历史性成就，一个重要原因就在于始终传承和发扬党的成功经验，善于总结和吸取历史教训，善于在认识和把握历史规律中找到正确道路。新时期开展党史学习教育，就是要教育引导广大党员干部，坚持以我们党已经形成的几个历史决议和党中央的相关精神为准绳，准确把握党的历史发展的主题主线、主流本质，以马克思主义基本原理分析把握历史大势，探究历史规律，"以全新的视野深化对共产党执政规律、社会主义建设规律、人类社会发展规律的认识"[3]，树立正确的历史观和党史观，在"学党史、悟思想、办实事、开新局"中，奋力夺取新时代中国特色社会主义的伟大胜利。

---

[1]《马克思恩格斯全集》(第三卷)，人民出版社，2002，第520页。
[2]《毛泽东文集》第二卷，人民出版社，1993，第399页。
[3]《习近平谈治国理政》第三卷，外文出版社2020，第15页。

（三）坚持党的领导，坚守初心使命

显然地，中国共产党在内忧外患、极其严峻的时代背景下于延安时期形成的《关于若干历史问题的决议》，是在毛泽东的倡议和领导下完成的，是全党集体智慧的结晶。它辩证看待了党的过去、现在和未来的关系，揭示了马克思主义中国化的发展历程和演变规律，突出反映了我们党对毛泽东思想的领导地位所采取的始终如一的科学态度。它使广大党员干部在思想上明白了"没有中国共产党就没有新中国"的道理，坚持了党的领导。党的历史充分证明，只有在中国共产党的坚强领导下，在毛泽东及其思想的正确指引下，新民主主义革命和社会主义革命才能取得成功；只有在中国共产党的领导下，坚持革命的武装斗争，建立广泛的统一战线，才能带领全国人民彻底粉碎日本军国主义殖民奴役中国的图谋；只有把马克思主义基本原理同中国的具体实际相结合，不断推进马克思主义中国化的事业，才能找到适合中国国情的革命道路；只有加强共产党的自身建设，同最广大的人民群众取得最密切的联系，才能把党和人民的事业不断推向前进。

共产党人的初心和使命就是为人民谋幸福、为民族谋复兴、为世界谋大同。习近平总书记强调："江山就是人民，人民就是江山"[①]。中国共产党自成立以来，团结带领全国各族人民，经过长期艰苦卓绝的奋斗，创建了人民当家作主的新中国，建立了社会主义基本制度，在推进改革开放和社会主义建设的历史过程中，使中国越来越发展，越来越强大，在世界范围内也具有了的影响。党的百年历史充分证明，党的领导不是自封的，而是历史的选择、人民的选择。党的百年历史，

---

① 《学党史悟思想办实事开新局 以优异成绩迎接建党一百周年》，《人民日报》2021年2月21日，第1版。

就是一部践行党的初心使命的历史,就是一部党同人民同呼吸、共命运、心连心的历史。新时期深入开展党史学习教育,就是要引导全党深刻认识党的性质和宗旨,坚持一切为了人民、一切依靠人民,始终把人民的利益放在心中最高位置,永远把人民对美好生活的向往作为奋斗目标,以激昂的精神状态和奋斗姿态,带领全国各族人民朝着实现中华民族伟大复兴的宏伟目标奋勇迈进。

(四)知古鉴今,谋划未来

历史是最好的教科书,也是最好的清醒剂。在中国共产党的成长史上,曾经犯过错误,走过弯路,也因此付出过惨重的代价。但好在我们党始终能够正确对待过去,不断进行自我革命。《关于若干历史问题的决议》坚持实事求是的原则对待过去、总结历史,对这一时期的历史人物之功过是非采用马克思主义的历史分析法和阶级还原法,既指出其过失也肯定其贡献。按照毛泽东提出的"对于任何问题应取分析态度,不要否定一切"[1]的指示,《关于若干历史问题的决议》深刻揭示了历史的主流和本质,对历史人物和历史问题进行了客观准确的评价:"犯了这些错误的同志们的观点中,并不是一切都错了,他们在反帝反封建、土地革命、反蒋战争等问题上的若干观点,同主张正确路线的同志们仍然是一致的。"[2]总之,延安时期开展党史学习和研究,坚持历史唯物主义和辩证唯物主义的立场观点方法,对党的历史采取实事求是的态度,具体问题具体分析,既充分肯定党在过去取得的成绩,也勇敢地指出存在的不足。对待错误,从不武断,也不意气用事,在总结经验时能够高屋建瓴,大处着眼,抓主要矛盾和矛盾的主要方

---

[1]《毛泽东选集》第三卷,人民出版社,1991,第938页。
[2] 同上,第990页。

面，不过分纠缠于细枝末节，以免"捡了芝麻，丢了西瓜"，充分展现了中国共产党人的胆略和智慧。

邓小平曾指出："总结历史，不要着眼于个人功过，而是为了开辟未来。过去的成功是我们的财富，过去的错误也是我们的财富。"[①]习近平总书记也强调，历史、现实、未来是相通的，历史是过去的现实，现实是未来的历史。我们"回顾历史，是为了启迪今天、昭示明天。"[②]党的十九届五中全会审议通过了《中共中央关于制定国民经济和社会发展第十四个五年规划和二〇三五年远景目标的建议》，从经济、政治、文化、社会、生态文明建设五个方面为今后一段时期我国经济社会发展指明了方向，擘画了蓝图。党的二十大为新时代新征程党和国家事业发展、实现第二个百年奋斗目标指明了前进方向、确立了行动指南。当前，世界正经历百年未有之大变局，我国正处于实现中华民族伟大复兴的关键时期，全党集中开展党史学习教育是"牢记初心使命、推进中华民族伟大复兴历史伟业的必然要求，是坚定信仰信念、在新时代坚持和发展中国特色社会主义的必然要求，是推进党的自我革命、永葆党的生机活力的必然要求"[③]。新时期深入开展党史学习教育，就是要引导广大党员干部知"前车之鉴"，明"后车之覆"，不忘过去，着眼将来；在全面建设社会主义现代化国家的伟大征程中，汲取历史的经验智慧，获得继续前行的精神力量；在实际工作中，不断解放思想，坚持实事求是，完善工作思路，创新工作方法，破解工作难题，推动社会发展，带领全国人民走向更加美好的未来。

总之，《关于若干历史问题的决议》对党史上的若干重大问题作出

---

① 《邓小平文选》第三卷，人民出版社，1993，第272页。
② 《习近平谈治国理政》第三卷，外文出版社，2020，第405页。
③ 《学党史悟思想办实事开新局 以优异成绩迎接建党一百周年》，《人民日报》2021年2月21日，第1版。

结论，系统总结了党在各个时期的经验教训，统一了全党的思想认识。同时，《关于若干历史问题的决议》的出台，也凸显了新时期开展党史学习教育的重要意义：统一思想认识，坚定理想信念；总结经验教训，获得规律性认识；坚持党的领导，坚守初心使命；知古鉴今，谋划未来。

二、形成中国化马克思主义话语体系

延安整风运动及其形成的《关于若干历史问题的决议》，破除了党内长期存在的教条主义对马克思主义的侵蚀，标志着中国共产党关于马克思主义的话语表述逐渐走向成熟，全党的思想认识和话语共识基本形成，为即将召开的中共七大奠定了基础。

在全党整风的基础上，1945年4月23日至6月11日，中共七大在延安胜利召开，这次大会距离1928年召开的中共六大已过去17年之久。毛泽东在会上作了《论联合政府》的政治报告，朱德作了《论解放区战争》的军事报告，刘少奇作了《关于修改党章的报告》，周恩来作了《论统一战线》的重要讲话，任弼时、陈云等分别在会上发言。大会按照"团结一致，争取胜利"的工作方针，系统梳理了自党成立以来领导中国革命进程中的经验教训，尤其是总结了抗战以来的先进做法，同时还制定了取得革命胜利以及之后要建立新中国的种种原则和政策。大会选举产生了以毛泽东为首的中央领导集体，使全党在组织上达到空前的团结和统一。大会批评了党内的错误思想，确立了毛泽东思想的指导地位，标志着中国化马克思主义话语体系的最终确立。

"毛泽东思想"这一概念经历过比较长时间的酝酿历程，也是中国共产党话语实践的结果。延安整风运动的开展及《关于若干历史问题的决议》的出台，极大地促进了马克思列宁主义理论在全党和国内的传播，有力地批判和清算了"左"、右倾错误在中共党内的影响，使

第三章　延安时期主流意识形态话语权构建的历史进程

毛泽东的正确思想和理论得到全党的普遍接受和认同。当时中国共产党和中国人民已经清楚地认识到要取得中国革命的成功，就必须以马克思主义中国化理论成果即毛泽东的正确思想和理论作为指导。在这种背景下，党的许多领导人和理论工作者开始思考如何来命名这一马克思主义中国化的理论成果。1941年3月，张如心在《共产党人》杂志上发表的《论布尔什维克的教育家》一文中，使用了"毛泽东同志的思想"这一表述。1942年7月1日，邓拓在《晋察冀日报》上刊发了题为《全党学习和掌握毛泽东主义》的评论文章。1943年7月4日，刘少奇发表的《清算党内的孟什维主义思想》一文中，使用了"毛泽东同志的思想"和"毛泽东同志的思想体系"这样的提法。1943年7月5日，王稼祥在题为《中国共产党与中国民族解放的道路》这篇文章中，第一次正式使用了"毛泽东思想"这一概念，并很快得到全党同志的接受和赞同。后来，延安时期的《历史决议》充分肯定了毛泽东思想的正确性。

"毛泽东思想"这一概念及其科学内涵是在党的七大上被正式确立起来的。刘少奇在七大上《关于修改党章的报告》，对毛泽东思想的形成过程、科学内涵、基本内容、重要作用进行了全面系统的概括和论述，标志着"毛泽东思想"这一新话语和马克思主义话语体系的初步确立。这样，"毛泽东思想"作为一个正式的词语被确立和固定下来，并写入党章。中共七大党章规定："中国共产党，以马克思列宁主义的理论与中国革命的实践之统一的思想——毛泽东思想，作为自己一切工作的指针，反对任何教条主义的或经验主义的偏向。"[①]自此，毛泽东思想被全党所认同和接受，并且成为中国共产党和全国人民的一面旗帜，指引着中国革命和建设事业不断走向成功。

---

① 李忠杰：《领航：从一大到十九大》，人民出版社，2017，第159页。

三、反对内战以争取和平民主与统一

1945年8月15日，日本天皇在广播上亲自宣读"终战诏书"，正式宣布无条件投降，中国人民取得了抗日战争的伟大胜利。抗战胜利后，蒋介石国民党统治集团在美国政府的大力支持下，不顾中国人民实现和平、民主建立统一的新中国的期盼，发动了全面内战。为了反对内战，争取和平民主，实现团结进步，中国共产党只有继续斗争。

首先，明确提出了"和平、民主、团结"的口号。针对抗战后期蒋介石出版《中国之命运》一书的危害性，中共中央和毛泽东在舆论战线上开展了卓有成效的宣传反击。随后，1945年4月23日，毛泽东在中共七大开幕会上作了《两个中国之命运》的报告，旗帜鲜明地指出，在打败日本帝国主义之后，中国将面临两种命运、两个前途，预测到以蒋介石为代表的中国大地主大资产阶级必将从人民手中夺取抗日战争胜利的果实。1945年8月13日，毛泽东在延安干部会议上作了《抗日战争胜利后的时局和我们的方针》的讲演，深刻分析了抗战胜利后中国政治的基本形势和应对策略。因此，面对国民党在日本投降后急于发动全面内战的复杂局势，中央政治局在8月23日的扩大会议上，提出对待国民党的方针是"蒋反我亦反，蒋停我亦停"，实行"以斗争求团结"的策略。两天之后，中国共产党发表了《对目前时局的宣言》，呼吁各方以"和平、民主、团结"为原则，并在此基础上争取早日实现国家统一，建立一个崭新的中国。

其次，毛泽东亲赴重庆与国民党当局展开谈判。日本投降以后，蒋介石一面准备发动全国性内战，一面又以公开的方式邀请毛泽东到重庆举行和平谈判，企图在道义上和国内外舆论上使中国共产党处于下风。为了取得全部的主动权，毛泽东不顾个人安危，带着争取和平的真诚愿望，于1945年8月28日亲赴重庆与国民党当局进行谈判。谈判本来就是话语论争，更何况毛泽东在重庆期间除了参加与国民党的商谈，还利用各种机会广泛接触并会见了宋庆龄、沈钧儒、张澜、谭平山、柳亚子等国内各党派的人士和外籍友人，扩大了毛泽东以及中国共产党的影响力。比如重庆谈判期间毛泽东宴请柳亚子并亲手书写《沁园春·雪》相赠，在新中国成立后，毛泽东两次和柳亚子诗词，并留下"一唱雄鸡天下白"的佳句。由此可见，在重庆谈判期间，毛泽东展现了强大的思想魅力和话语吸引力。延安时期担任毛泽东秘书的胡乔木曾对毛泽东亲赴重庆谈判这一事件给予高度评价。胡乔木认为，毛主席亲赴重庆谈判是一个十分英明的决策，因为毛主席深谙"不入虎穴，焉得虎子"的斗争哲学，亲赴重庆与蒋介石谈判，既代表了国内民众期盼和平民主、反对内战独裁的意愿，又通过重庆之行振奋了国统区民主力量的精神，争取了人心，因此，毛主席亲赴重庆是下了非常高明的一着棋。①

再次，"打倒蒋介石，解放全中国"的大反攻战略。重庆谈判的积极成果是签订了"双十协定"，国民党当局口头上承认了和平团结的方针。按照"双十协定"的规定，1946年1月10日至31日，政治协商会议在重庆召开，达成了政协协议。然而蒋介石政府却以谈判为幌子，其真实目的却是为发动内战拖延时间，因此在随后不久就派军队进攻解放区，内战全面爆发。此时，中国共产党由于军事实力上的逐渐增强，在话语表达上也充分体现了话语自信。1946年8月，毛泽东在同美国记者斯特朗的谈话中提出了"一切反动派都是纸老虎"的著名论断，还提出了在战略上要藐视敌人，在战役战术上要重视敌人的思想，这些论述极大地增强了党领导人民军队打败一切反动派的决心和信心。后来通过粉碎国民党军队的全面进攻和重点进攻，开辟和领导反对国

---

① 参见胡乔木:《胡乔木回忆毛泽东》（增订本），人民出版社，1994，第400页。

民党统治的第二条战线等工作，中国共产党领导人民军队取得了自卫战争的胜利，人民解放战争进入战略进攻阶段。1947年9月，中国共产党发出了"全国大反攻，打倒蒋介石"的号召。10月10日，中国人民解放军总部发表宣言，响亮地提出了"打倒蒋介石，解放全中国"的口号。辽沈、淮海、平津三大战役后，针对蒋介石1949年元旦的"求和"声明，毛泽东发出了"将革命进行到底"的伟大号召，中国共产党带领中国人民最终取得了新民主主义革命的全国性胜利。

  关于领导权和话语权，毛泽东曾经有一段经典的论述。1947年12月25日，在杨家沟出席中共中央扩大会议时，毛泽东正式提到了党的领导权和话语权问题，他总结性地讲道："共产党要实现领导需要两个条件：第一要率领被领导者坚决同敌人作斗争，第二要给被领导者以物质福利和政治教育。共产党的领导权问题现在要公开讲，不公开讲容易模糊党员干部和群众的思想，坏处多于好处。"[①]延安时期，中国共产党正是符合这一思想，在领导中国民主革命实践中壮大实力，从而逐渐掌握了无产阶级的领导权，构建起主流意识形态话语权，为新时代进一步加强马克思主义话语权建设，积累了丰富经验。

[①]《毛泽东文集》第四卷，人民出版社，1996，第332—333页。

第四章
延安时期主流意识形态话语权构建的逻辑探析

在梳理延安时期主流意识形态话语权构建历史演进过程的基础上，进一步探析延安时期主流意识形态话语权的构建逻辑，形成对话语权构建的规律性认识，有助于我们在新时代推进马克思主义话语权和社会主义意识形态建设。

第一节 主流意识形态话语权的构建原则

原则是正确处理问题的标准和法则，是事物客观规律的反映，对实践具有普遍的指导意义。在意识形态话语权建设过程中，原则起着至关重要的作用，它规定着马克思主义话语权构建的方向，是正确把握马克思主义话语权建设规律的基本前提，是切实保障马克思主义话语权建设成效的根本标准。延安时期，中国共产党主流意识形态话语权构建，始终坚持以马克思主义为指导，坚持党性原则，坚持独立自主，坚持中国传统文化与外来文化的交流融合、优势互补。

一、坚持党性原则

坚持党性原则，即是在马克思主义话语权构建的过程中始终坚持以正确的思想理论为指导。因为，坚持以什么思想理论为指导，是意识形态话语权构建的首要问题。中国共产党以马克思主义作为自己的指导思想，是在与工人运动相结合中诞生。作为中国共产党的指导思想，马克思主义对社会主义意识形态建设所起的作用显然是是标识性的、指挥性的。

毫无疑问，意识形态具有鲜明的阶级性，这是马克思恩格斯在《德意志意识形态》等著作中反复强调的观点。列宁也特别强调哲学的党性原则，认为非党性是资产阶级的思想，党性是社会主义的思想。针对一些哲学家主张"超越"唯物主义和唯心主义对立的错误，列宁鲜明地指出："在经验批判主义和认识论的烦琐语句后面，不能不看到哲学上的党派斗争，这种斗争归根到底表现着现代社会中敌对阶级的倾向和意识形态。"[1]牢牢掌握对意识形态的领导权，是革命党获取政权的重要策略，"掌握思想领导是掌握一切领导的第一位。"[2]因此，坚持以马克思主义为指导，是推进意识形态话语权的关键。

马克思主义是科学的世界观和方法论，是具有科学性和先进性的意识形态。作为科学的世界观，马克思主义从根本上揭示了自然界、人类社会和思维发展的一般规律，给人类提供了整个物质世界和精神世界的科学图景；作为科学的方法论，马克思主义给予人民认识世界、改造世界的思想武器与方法指导。马克思主义具有鲜明的科学性、人民性、实践性和发展性等特征，不仅致力于科学地"揭示世界"，更致

---

[1]《列宁选集》第二卷，人民出版社，2012，第240页。
[2]《毛泽东文集》第二卷，人民出版社，1993，第435页。

第四章　延安时期主流意识形态话语权构建的逻辑探析

力于积极地"改造世界"。马克思主义能够指导人们分析解决现实问题，满足人们的价值需要，具有实践上的示范性和价值上的正当性。正如习近平总书记所指出的："马克思主义坚持实现人民解放、维护人民利益的立场，以实现人的自由而全面的发展和全人类解放为己任，反映了人类对理想社会的美好憧憬。"①事实证明，只有那些代表历史前进方向、维护人民根本利益并能通俗性阐释的意识形态才会对民众产生教育、引导和规范作用，才能持久地获得和掌握话语权。

延安时期，中国共产党为实现民族独立和人民解放，为建设一个独立、自由、民主、富强的新中国，始终"坚定正确的政治方向"②，坚持以科学的理论为指导，把马克思主义的立场、观点和方法贯穿于革命事业发展和党的建设的各个方面，指导各项实际工作的开展，在与种种错误思潮和党内"左"、右倾错误思想的斗争当中，促进了中国人民对马克思主义的接受和认同，最终确立了主流意识形态话语权。

二、坚持独立自主

独立自主原则，是延安时期中国共产党保持自身独立性、抵制国民党"溶共"主张、巩固抗日民族统一战线的有力武器。

1938年，蒋介石提出了要使中国共产党在内的一切党派都"消融于三民主义"的主张，妄图瓦解中国共产党在政治思想上的独立性。对此，毛泽东等人进行了深刻揭露："在买办性的大资产阶级参加统一战线并和无产阶级一道向共同敌人进行斗争的时候，它仍然是很反动的，它坚决地反对无产阶级及其政党在思想上、政治上、组织上的发

---

① 习近平：《在哲学社会科学工作座谈会上的讲话》，《人民日报》2016年5月19日，第2版。
② 《毛泽东文集》第二卷，人民出版社，1993，第117页。

展，而要加以限制，而要采取欺骗、诱惑、'溶解'和打击等等破坏政策，并以这些政策作为它投降敌人和分裂统一战线的准备。"①在看清敌人的真实目的后，毛泽东总结过去陈独秀犯右倾机会主义的错误教训，对"溶共"思想展开了有力驳斥，并告诫全党同志："这种错误是，忽视资产阶级（尤其是大资产阶级）不但在极力影响小资产阶级和农民，而且还在极力影响无产阶级和共产党，力求消灭无产阶级和共产党在思想上、政治上、组织上的独立性，力求把无产阶级和共产党变成资产阶级及其政党的尾巴，力求使革命果实归于资产阶级的一群一党的事实"②。所以中国共产党要实行同资产阶级既联合又斗争的政治路线，并且在统一战线中始终坚持独立自主的原则。

第二次国共合作期间，中国共产党坚持独立自主，对反动资产阶级采取"又斗争又团结，以斗争求团结"的策略，反对右倾投降主义和"左"倾关门主义，争取了一切可能的同盟者，最终巩固了抗日民族统一战线，确立了马克思主义话语的凝聚力和影响力。

三、坚持中外融合

坚持中外融合，就是把马克思主义与中国传统文化高度契合，以丰富中国化马克思主义的话语内容。

马克思主义作为产生于西方语境中的理论话语，传入中国后在中国广泛传播并形成中国化的马克思主义理论，必须与中国的传播文化高度融合，才能构建中国化马克思主义理论话语。

延安时期，以毛泽东为代表的中国共产党人继承和弘扬中华优秀传统文化，将中国传统文化与马克思主义有机融合，创造出具有中国

---

① 《毛泽东选集》第二卷，人民出版社，1991，第607页。
② 同上，第608页。

第四章　延安时期主流意识形态话语权构建的逻辑探析

特色的马克思主义话语体系，为主流意识形态话语权构建提供了丰富的文化资源。

首先，马克思主义与"天下为公"思想融合。天下为公思想是中国传统文化中对大同社会追求的思想体现和政治诉求，成为中国封建社会众多统治者治理国家的策略和工具。"大道之行也，天下为公。"①《礼记·礼运》中描绘了中国儒家思想家的小康社会理想，后来费孝通先生把处理不同文化间的关系概括为"各美其美，美人之美，美美与共，天下大同"的十六字箴言。这种"公天下"的理想追求与以实现共产主义为目标的马克思主义可谓有异曲同工之妙，因此马克思主义才能在中国找到适合自己的土壤并迅速传播开来。1944年9月，毛泽东在中央警备团追悼张思德的会上提出了"为人民服务"的概念，将传统文化中的"天子"转译为"人民的儿子"，把传统文化中"天下""天道"转换为号召广大民众追求民族解放和民族独立、实现人身自由解放，符合马克思主义追求的目标，也极易获得群众的广泛认同。

其次，马克思主义人学理论与中国传统人学思想契合。在中国传统文化中蕴含着民贵君轻、政在养民、亲民爱民的民本思想。《尚书》曰："民惟邦本，本固邦宁"，孟子提倡"民为贵，社稷次之，君为轻"，后汉人马衍在《车铭》中指出："乘车必护轮，治国必爱民"。得民心者得天下，是中国传统民本思想的集中体现，具有重民、爱民、顺民等几层含义。马克思主义以实现共产主义、实现人的全面自由、解放和发展作为自己的目标。这样，中国传统人学思想与马克思主义追求人的解放学说，目标高度一致，这一思想传统极其有利于马克思主义在中国的传播和发展。延安时期，以毛泽东为代表的中国共产党人将传统文化中的"民本思想"转译为马克思主义群众路线：一切为

---

① 《礼记》，上海古籍出版社，2016，第248页。

了群众,一切依靠群众,"从群众中来,到群众中去"①。另外,在党的政策文件和宣传话语中,经常出现"人民政党""人民军队""为人民服务"等字眼,很容易拉近与广大群众的心理距离并引起人民的思想共鸣和情感认同。毛泽东在《论持久战》中论述了"民兵是胜利之本"②这一观点,从话语影响力的角度迅速提振了中国人民坚持抗战的信心。

再次,马克思主义阶级斗争学说与"经世致用""敢于斗争"的传统思想契合。在传统文化中,儒家强调在"亲亲""尊尊"原则下,维护"礼治",提倡"德治",重视"仁治",提倡人伦道德,主张崇德明善,经后世发展逐渐形成"仁、义、礼、智、信、勇、恕、诚、忠、孝、悌"的思想体系;道家将"道德"视为哲学的最高范畴,认为"道"是宇宙万物的本源和普遍规律;墨家建立以"兼爱"和"利"为核心的义利学说,倡导"贵利重义"的道德思想;法家直面社会现实,寻求治国安邦之道,形成以"法"为基本准绳的独特的道德观。总之,中国传统文化既具有强烈的现实精神,比如孔子主张经世致用、推崇教化,荀子"以圣王为师"等以重政务为特征的经世思想,也具有不畏强暴、敢于斗争的民族精神。马克思主义是指导世界工人阶级运动追求解放的思想武器。当马克思主义传入中国后,就被胸怀经世抱负的知识分子所接受,用来作为拯救中国社会的良方。延安时期,毛泽东的斗争哲学,"又斗争又团结,以斗争求团结"的斗争策略等等,恰恰是马克思主义阶级斗争理论、矛盾分析原理及方法与中国经世重教、敢于斗争传统的契合,体现了"两个结合"。

---

① 《毛泽东选集》第三卷,人民出版社,1991,第899页。
② 《毛泽东选集》第二卷,人民出版社,1991,第509页。

第二节　主流意识形态话语权的构建路径

从内在结构和组成要件而言，组成话语权的因素主要包括话语的主体、对象、内容、工具、成效等。所以，从这个角度来分析，话语权的取得，包含着话语创造者利用什么样的传播工具和介质，采用何种方式方法，成功地把自己想表达的内容传播给听众，并取得相应成效的一整套流程。当然，这是基于比较微观角度的分析。延安时期主流意识形态话语权构建，正好体现了培育话语主体、丰富话语载体、创新话语内容等话语权构建的规律和要求，实行了科学的构建路径。

一、培育话语主体

从词义上讲，"主体"是指实践活动和认识活动的承担者。那么，"话语主体"应该是话语实践活动的承担者。话语主体在复杂的话语关系中，主要解决"自我"和"他者"的关系，即话语应当"由谁来说"和"向谁去说"的问题。话语主体的素质高低，直接决定着话语权是不是能够成功确立，以及取得的效果。

在马克思主义的话语理论中，葛兰西的文化领导权理论暗含话语主体的构成和细分问题。哈贝马斯的交往行为理论也提到实践中话语主体的可变性，认为主体角色取决于话语内容、话语议题和话语情境等要素。为使话语顺利言说并形成有效沟通、达到良好的话语效果，主体角色应涵盖话语生产者、传递者和接受者，以实现话语权的广泛性和公平性。而且通常情况下，话语主体为了论证自身意识形态的合理性，还会设法与其他的主体组成更为广泛的意识形态联盟。这些理论充分地表明，意识形态话语主体本身也包含着复杂的结构。

（一）话语生产主体

马克思主义话语的生产主体，主要是中国共产党及其领导下的马克思主义理论工作者以及广大的知识分子群体。延安时期，中国共产党通过加强党的思想建设的一系列政策措施，培育了马克思主义话语主体的理论素养、话语表达能力和整体素质。

第一，大力开展思想政治教育和理想信念教育，坚持用马克思主义理论武装党员干部。1935年12月召开的瓦窑堡会议及其形成的《关于目前政治形势与党的任务决议》，明确了我们党"两个先锋队"的性质和思想建党的原则：作为中国无产阶级的先锋队，中国共产党应吸收先进的工人、雇农入党，形成党内的工人骨干；同时作为中华民族的先锋队，中国共产党欢迎社会各阶级中所有笃信共产党观点的人员踊跃加入，针对他们的各种非无产阶级思想意识，党要用共产主义教育去保证提高他们到先锋队地位。[①]这次会议提出的"两个先锋队"的性质和思想建党的原则，标志着中国共产党在思想建设理论上的成熟。1937年6月，张闻天在白区党代表会上指出："党内教育问题，现在特别重要。在思想上用马克思列宁主义的武器武装全党同志，是党目前争取民族统一战线中的领导权的最主要的任务。必须使全党同志了解学习马克思主义的重要，养成学习理论的兴趣，只有这一武器能够使我们在各种复杂的环境下，正确地解决问题，而不犯严重的错误。对于大批新的干部的党内教育，现在也成为迫切的需要。"[②]张闻天的讲话进一步强调了思想建党的重要性。1939年8月，中共中央政治局在

---

① 中央档案馆编：《中共中央文件选集》第10册，中共中央党校出版社，1991，第610—611页。

② 中央档案馆编：《中共中央文件选集》第11册，中共中央党校出版社，1991，第257页。

《关于巩固党的决定》中强调：加强对党员的思想政治教育和党性教育，将是未来一段时期巩固我党的重要环节。随后，通过开展延安整风运动，整顿"三风"，提高了全党的马克思主义理论水平，解放了思想，破除了党内教条主义的影响，为延安时期主流意识形态话语权构建奠定了思想基础。

第二，开展党内积极的思想斗争，增强党员党性教育。针对党内非无产阶级的思想尤其是自由主义的不良倾向，毛泽东1937年9月写了《反对自由主义》一文，主张党内开展积极的思想斗争，并列举了自由主义思想表现、实质、来源和影响，给全党敲响了思想警钟。1939年7月，刘少奇的《论共产党员的修养》，从对党员党性锻炼和党性修养的角度，指出了党内非无产阶级思想的五种错误表现，强调真正的共产党员应具备的七种修养，其中第一条就是马列主义理论及其在实践中运用这种理论的修养，共产党员要自觉地"做马克思和列宁的好学生"[①]。刘少奇《论共产党员的修养》在今天仍是保持共产党员先进性的较科学的行动指南。1943年3月，周恩来结合整风学习，在重庆红岩村写下了《我的修养原则》，共七条，对于党员干部改进工作方法、加强党性修养都具有启示意义。延安时期，中共中央在党性教育方面作了大量工作，使党性教育成为每名共产党员改造主观世界的必修课，从而有效地提升了马克思主义话语的影响力。

第三，创办各级各类学校，着力培养马克思主义理论人才。1935年12月，中共中央刚落脚延安不久，中央政治局瓦窑堡会议通过的决议就强调"必须大数量地培养干部"，把培养出来的德才兼备的干部送到各方面的战线上去。毛泽东在中共六届六中全会上指出："普遍地深入地研究马克思列宁主义的理论的任务，对于我们，是一个亟待解决

[①]《刘少奇选集》上卷，人民出版社，1981，第103页。

并须着重地致力才能解决的大问题。"①为此，党中央随后颁布了《关于延安干部学校的决定》《关于办理党校的指示》等。1939年2月，中共中央还成立了干部教育部，指导全党的学习，明确各类学校的定位和办学要求。在这些政策的指引下，中共中央恢复了中央党校，并在延安开办了中国人民抗日军政大学、陕北公学、中国女子大学、鲁迅艺术学院、延安自然科学院、马列学院等40多所各种类型的院校，真正实现了"把全党办成一个大学校"②。在中共中央、毛泽东的倡导和带动下，延安城内人们重视学习、热爱学习、深入学习的现象成为一道最亮丽的风景线。延安各类学校培养出来的优秀人才，毕业后或留在后方或奔赴抗日前线，有些还深入敌占区或国统区，向当地百姓、军人宣传共产主义信仰、共产党的执政理念。他们中的很多人，如抗大、中央党校的学员，后来都成了各条战线上的重要人才，为推动马克思主义的发展和社会主义事业进步作出了重大贡献。

第四，大力推进马克思主义中国化，确立毛泽东思想在全党的指导地位。1938年10月，毛泽东在《论新阶级》中第一次正式提出了"马克思主义中国化"的时代课题。1941年5月，毛泽东在《改造我们的学习》一文，对"实事求是"内涵进行了深刻阐述："'实事'就是客观存在着的一切事物，'是'就是客观事物的内在联系，即规律性，'求'就是我们去研究。"③1943年7月，刘少奇在《清算党内的孟什维主义思想》一文中，要求党员干部用毛泽东的思想体系来提升自己的觉悟。虽然这时还没有明确提出"毛泽东思想"这一科学概念，但这篇文章为进一步统一全党思想做了铺垫。刘少奇在中共七大上《关于

---

① 《毛泽东选集》第二卷，人民出版社，1991，第533页。
② 《毛泽东年谱（1893—1949）》（修订本）中卷，中央文献出版社，2013，第127页。
③ 《毛泽东选集》第三卷，人民出版社，1991，第801页。

修改党章的报告》中，全面总结了毛泽东的贡献，系统概括了毛泽东思想的基本内涵和核心内容，明确提出了毛泽东思想就是"马克思列宁主义的理论与中国革命的实践之统一的思想"①的重要论断。毛泽东思想在中共七大上被确立为全党的指导思想，并写入党章。总之，把马克思主义普遍原理与中国革命实际相结合，实现马克思主义中国化，确立毛泽东思想在全党的指导地位，是马克思主义话语创新和话语权构建的基础和前提。

（二）话语传播主体

延安时期马克思主义话语传播主体，除了话语的生产主体之外，还包括这一时期中国共产党在陕甘宁边区、其他抗日民主根据地和国统区等地设立的各级各类宣传机构及其工作人员。

全面抗战爆发之后，面对日本帝国主义和国民党政府的新闻封锁，坚持敌后抗战的中国共产党为了谋求国际社会的认同、获得国际支援，执行灵活多样的外交政策，积极主动地开展了对外宣传工作，承担一系列宣传工作，努力发出中共的声音。

日本帝国主义发动的侵略战争，既是对中国的入侵，同时也是对世界和平的威胁。因此，中国共产党在抗战时期非常重视对外宣传工作，实行积极的外交政策和国际传播策略。1937年8月召开的洛川会议通过了毛泽东起草的《为动员一切力量争取抗战胜利而斗争》的宣传鼓动提纲。毛泽东明确指出中国共产党抗日的外交政策是："在不丧失领土主权的范围内，和一切反对日本侵略主义的国家订立反侵略的同盟及抗日的军事互助协定。"②在1938年3月的中央政治局会议和11

---

① 《刘少奇选集》上卷，人民出版社，1981，第332页。
② 《毛泽东选集》第二卷，人民出版社，1991，第355—356页。

月的六届六中全会上,党中央在总结党的国际宣传工作经验教训的基础上,向全党发出"加紧对外宣传"的号召。1941年5月,时任八路军第129师政委的邓小平强调部队要改变过去"打哑巴仗"的现象,要"大大地加强对外宣传工作。要通过文艺作品、报告文学、新闻通讯、摄影、绘画等,把我们真实的战斗生活反映到国际上去,流传到华侨中去,传播到大后方去。"①时任中共中央南方局书记的周恩来也非常重视国际宣传工作,他在抗战时期为中共制定了"宣传出去,争取过来"的外交理念以及"主动,真实,诚朴,虚心,认真"的对外交往的工作原则。周恩来在重庆时曾对到访的国际友人谈道:"我们应该造成一种国际影响。我们需要有知识的人与美国、欧洲打交道。"②很显然,正是由于毛泽东等中共领导人对党的国际传播自觉的确立,才使党的国际宣传阵地不断拓展,并逐渐获得了对外传播工作的主导权和话语权。

从类型上看,延安时期,中国共产党及其各类组织创设的宣传机构大致可以分为下列三类:

第一类,专门负责翻译马列著作的机构。早在五四时期,中国知识分子为了研究马克思主义就开始翻译、研究马列著作。1920年陈望道翻译的《共产党宣言》中译本,奠定了中国共产党翻译马列著作的基础。延安时期,针对国民党的文化专制主义,中共中央发布了《宣传教育工作的指示》,明确提出要坚持公开宣传马列主义,出版翻译马列主义的刊物和书籍,并成立专门的机关指导马列著作的翻译工作。1938年5月,在纪念马克思120周年诞辰之际,中共中央在延安成立了马列学院编译部,这也是中共第一个编译马列著作的专门机构,负责

---

① 《邓小平文选》第一卷,人民出版社,1994,第26页。
② [英]韩素音:《周恩来与他的世纪(1898—1998)》,中央文献出版社,1992,第221页。

第四章　延安时期主流意识形态话语权构建的逻辑探析

翻译马列经典原著，带动全党学习马列经典的热潮，大力提升了全体党员的马列主义理论水平，为延安时期马列主义翻译事业提供了组织基础。同年10月，中央军委成立了中央军委编译处，负责翻译马列军事著作，为抗战胜利提供了军事理论指导。

第二类，中共成立的对外宣传机构。瓦窑堡会议明确提出"执行灵活的外交政策"之后，为了加强对外宣传和国际联络事宜，1936年1月26日，隶属于中华苏维埃中央政府外交部的延安交际处宣布成立，在抗战时期主要负责外事接待和统一战线工作。据统计，仅1938年至1941年，延安交际处就接待中外人士七千多人，其工作人员为党的对外宣传和国际传播工作付出了大量心血。抗战全面爆发后，中共六届六中全会提出"加紧对外宣传"的重要任务，之后，党的对外宣传机构进一步完善。1938年1月，八路军驻香港办事处成立，它是抗战时期中共在香港建立的重要对外联络中间站。除此之外，中共这一时期在海外设立的对外宣传机构还有香港的中国通讯社、国际新闻供应社、国际新闻社等。1938年春，中共在武汉设立长江局国际宣传组，负责中共对外宣传工作的组织和协调。1938年秋，中国共产党从延安的各级学校挑选了一批优秀的共产党员和华侨青年组成海外工作团，由朱德担任主任，成仿吾负责具体工作，派人到东南亚国家开展抗日宣传和联络，动员华侨支援祖国抗战。1939年4月，周恩来直接领导下的中共中央南方局设立对外宣传小组（后改称外事组），其职能"从外宣扩大到外联，从民间扩大到官方，外宣外联工作并举"[1]，依照"宣传出去，争取过来"的工作方针，对外宣传中共的政策，广交朋友，扩大影响。1941年12月，中共中央在延安设立了海外工作委员会，由八

---

[1] 王增钦：《抗战时期中共中央南方局外事工作的历史作用考察》，《湘潮（下半月）》2012年第10期。

路军总司令朱德任主任,参谋长叶剑英任副主任,负责对外宣传和组织国际反日统一战线。

第三类,中共领导下民间组建的宣传机构。除上述官方机构之外,抗战时期,中国共产党还领导民主爱国人士组建了民间抗日宣传机构。1936年11月22日,中共中央落脚陕北后成立的第一文化团体——中国文艺协会(简称边区文协)在保安成立。在边区文协的领导下,边区音协、边区文联、延安美协、边区剧协、延安文抗、延安文化俱乐部等诸多文化团队相继成立。1937年,八路军总政治部与边区文协共同组建了抗战文艺工作团(负责人是著名文艺家丁玲),以西北战地服务团的名义,到前线或敌后向群众、向友军宣传党的抗日主张,扩大了中国共产党和八路军的政治影响。在这些社团组织中最著名的是宋庆龄创办的"保盟"。1938年6月,在共产党员廖承志、潘汉年等人的帮助下,宋庆龄在香港组建了"保卫中国同盟",并创办英文刊物《新闻通讯》,成为中共在香港的一个重要宣传阵地,向外国友人宣传中国抗战事迹,扩大了中共在国际社会的影响力。

显而易见,这些官方和民间机构的建立,对宣传中国共产党的抗日主张、突破国民党的新闻封锁、树立中共在国际社会的良好形象、促进主流意识形态话语权的构建,都起到了积极的作用。

(三)话语接受主体

延安时期,马克思主义话语的接受主体主要有:中共党员和受其指挥的军人以及党的理论工作者、知识分子群体、工人、农民、国民党及其他党派和无党派人员、外国人士等。中国共产党是如何将自己的理念、抗战主张传播给这些话语接受主体,并最终得到他们的接受和认同的呢?由于本书其他章节分别有所涉及,笔者此处仅以知识分子群体、农民为例,分析他们是如何接受并认同马克思主义话语的。

第四章　延安时期主流意识形态话语权构建的逻辑探析

1. 对知识分子群体的话语权构建

延安，是中国革命的圣地，也是中国共产党和中国人民的精神家园。抗战时期，中国共产党在延安高举抗日救国的大旗，主张建立最广泛的抗日统一战线，坚定正确的政治方向，民主自由的社会环境，尊重知识分子、吸收知识分子的良好政策，使得延安成为当时最进步、最民主、最革命的圣地。延安犹如一块巨大的磁石，强烈地吸引着一批又一批仁人志士、爱国青年甚至国民党党员"朝圣"般地从四面八方涌来。他们因为心中坚定的信仰、真切的爱国情怀、正确的人生追求，大多放弃原本优越的生活条件，冒着生命危险，冲破日寇和国民党顽固派的层层封锁线，千里迢迢赶赴延安寻求抗日救国的真理，可谓是"万众瞩目清凉山"。印度援华医疗队爱德华在看到这一奇观后，不禁惊叹道："奇迹，奇迹，这简直是奇迹！这是20世纪中国的耶路撒冷！"[1]中国著名作家何其芳也曾在文章中生动地描写道："延安的城门成天开着，成天有从各个方向走来的青年，背着行李，燃烧着希望，走进这城门。"[2]显然，20世纪三四十年代的延安，是中国革命的大本营，是爱国知识青年的希望，于是在这里汇聚起一大批中华民族最优秀的儿女。1943年12月底，任弼时在中共中央书记处工作会议上总结道："抗战后到延安的知识分子总共4万余人。"[3]1944年春，毛泽东也曾说：延安的文艺家、艺术家、文化人，成百上千。[4]的确，延安已成为当时人才汇聚的高地。面对如此多远道而来的知识分子，如何甄别他们的政治立场，并通过文化教育将其转变为无产阶级知识分子，就成为中国共产党当时面临的非常艰巨的任务。

---

[1] 马朝琦主编：《话说延安精神》，陕西人民出版社，2017，第45页。
[2] 《何其芳文集》第二卷，人民文学出版社，1982，第174页。
[3] 胡乔木：《胡乔木回忆毛泽东》（增订本），人民出版社，1994，第279页。
[4] 同[1]，第53页。

首先，在态度上，中国共产党对知识分子采取尊重、吸收的态度。延安时期，为了实现文化工作中的统一战线，团结一切的革命力量，党中央及时更改了对知识分子的政策，由早期的"左"倾关门主义错误方针转变为尊重、吸收知识分子的策略，并于1939年底下发了《大量吸收知识分子》的文件，要求全党充分认识到知识分子在推进民族解放和建设新中国方面的重要作用，各级党组织应该大量吸收、利用青年知识分子，充分发挥他们的先锋带头作用。毛泽东强调，党要"对文化人、知识分子采取欢迎的态度，懂得他们的重要性，没有这一部分人就不能成事。"①事实上，延安时期中国共产党对待知识分子，在政治、工作、生活等方面，都给予了充分的信任和关照。毛泽东等党的领导人和边区负责人经常挤出时间看望来延安的知识分子代表，同他们交谈，征求他们的意见建议，鼓励他们为边区建设事业和中国革命事业作贡献。

其次，在教育上，中国共产党对知识分子采取教育、改造的方针。抗战时期初到延安的知识分子，由于之前受到日占区的奴化教育或是国统区的腐朽思想影响，他们对延安的实际情况以及中国共产党的理论和政策了解得并不多，多数人对延安的政治话语、道德准则、社会规范等还停留在脑中的幻想阶段，他们身上还存在着自由主义等非无产阶级的思想和旧知识分子的意识，还不是真正的马克思主义者。基于当时到延安的知识分子错综复杂的思想状况，中国共产党采取了一系列政策措施对知识分子进行了马克思主义思想政治教育。第一，开展革命理想信念教育。延安时期，对于一些知识分子对待革命的意志不坚定、思想不成熟等状况，党通过整风运动来解决知识分子的情感和立场问题，改造了知识分子的小资产阶级思想，树立起马克思主义

---

① 《毛泽东文集》第二卷，人民出版社，1993，第432页。

第四章 延安时期主流意识形态话语权构建的逻辑探析

世界观和为人民服务的思想；同时，党通过创办报刊、开设政治理论课、举办读书座谈会等方式对知识青年开展革命理想信念教育，宣传马克思列宁主义思想，从理论上提升知识分子的革命觉悟，帮助他们认清革命形势，坚定共产主义信念。第二，开展群众路线教育。中国共产党历来重视群众工作，将脱离群众视为最大的危害。毛泽东指出，"我们的政策是要小心地好好引导他们自觉地而不是勉强地和工农打成一片"，"我们的总方针是争取文学家、艺术家中的大多数人和工农结合，使得他们看中低级的东西，看中普通的文艺工作者"。[1]延安文艺座谈会后，在"文艺为工农兵服务"的方针指引下，知识分子特别是文艺工作者深入到工农群众生活中去，走向田间地头，与工农群众打成一片，了解群众的实际需要，创造贴近群众生活、深受群众喜爱的文艺作品。知识分子在与群众的接触中逐渐向无产阶级思想转变，战胜了以往不脚踏实地、联系群众、思想涣散等缺点，转变为坚定的无产阶级战士和先进的岗位能手。第三，开展生产劳动教育。针对陕甘宁边区十分困苦的物质条件，党中央将知识分子教育同生产劳动相结合，强调知识分子必须与工农群众相结合，在劳动中锻造无产阶级革命意识。边区学校普遍根据农作忙闲采取半日制、早午制、整日制等灵活的劳动教育制度，有计划地组织师生参加春耕和大生产运动。知识分子在生产实践中不断加强文化学习，将两者紧密结合起来，这样既避免了过去不注重生产实践、轻视工农群众的思想缺陷，提升了自己的阶级觉悟，同时边区政府也通过组织知识分子参加生产劳动，解决了知识分子的生存发展问题，帮助根据地度过了经济困难时期，为革命胜利准备了物质条件。

再次，在话语权上，中国共产党对知识分子采取颠覆、重构的策

---

[1]《毛泽东文集》第二卷，人民出版社，1993，第430页。

略。要构建主流意识形态话语权，就必须打破儒家以来传统知识分子对中国话语权的掌控。历时近4年的延安整风运动，针对的就是当时在知识分子中盛行的个人主义，其目的在于及时纠正知识分子的主观主义、教条主义、宗派主义等错误，帮助他们进步，推动知识分子的政治立场、思想观念和话语方式向无产阶级的新型知识分子进行转变。总体而言，知识分子是一个时代的话语先锋，他们的思想和言论不仅表达了人民群众的呼声，也代表了这个社会最先进的文化思想，是一个国家新文化的方向。毛泽东在《新民主主义论》中提出要建立民族的、科学的、大众的新民主主义文化，《在延安文艺座谈会上的讲话》中也提出文艺要"大众化"、文艺要"为抗日服务""为工农兵服务"、文艺要具有"民族气派"和"民族风格"等，就是要颠覆旧知识分子"自命精英""崇洋媚外""追求高精尖"的"知识分子中心论"传统，激发知识分子内心深处"兼济天下"的远大抱负，转变传统知识分子的角色，将其纳入无产阶级"有机知识分子"的行列当中，指导他们通过话语方式和言说方式的改变，以接近广大民众话语特点的话语创造完成对中华民族国家话语的构建，创立中国化的、时代化的、大众化的马克思主义话语体系，从而重构了知识分子的马克思主义话语权。

2. 对广大农民的话语权构建

新民主主义革命时期，马克思主义在中国的传播面临的是以农民为主体的社会环境，它不同于马克思所讲的西方社会无产阶级革命，中国并不具备庞大的无产阶级队伍，而是以小生产者农民作为革命的主力军。基于此，延安时期中国共产党通过一系列的农民教育，运用马克思主义的道理教育和引导广大农民，逐渐将农民提高到无产阶级的水平，使农民由自在的阶级转变为自为的阶级，形成对中国共产党的政治认同、对马克思主义的话语认同。

中国共产党在成立之初就认识到农民群体及开展农民教育对中国革命胜利的重要意义。20世纪20年代，中国共产党早期领导人李大钊

第四章　延安时期主流意识形态话语权构建的逻辑探析

就认为:"要想把现代的新文明,从根底输入到社会里面,非把知识阶级与劳工阶级打成一气不可。"①毛泽东创办了广州农民运动讲习所,向农民宣传马克思主义思想和革命策略。在考察了湖南湘潭等五县农民运动情况后,毛泽东写下了《湖南农民运动考察报告》,肯定了农民的各种自发的革命斗争的重要作用。

大革命失败后,中国共产党的革命战略重心由城市转移到了农村,走上了一条农村包围城市进而夺取国家政权的道路,以农民为主体的"人民大众"成了中国革命的主力军。井冈山时期,毛泽东分析中国特殊的社会环境和历史条件,提出要用无产阶级的意识教育加强对农民的思想领导。在《井冈山的斗争》一文中,毛泽东指出:"边界各县的党几乎完全是农民成分的党,若不给以无产阶级的思想领导,其趋向是会要错误的。"②1929年的《古田会议决议》强调要对以农民为主体的人民军队进行无产阶级思想教育,加强无产阶级的思想领导,要把农民的思想提升到无产阶级思想的高度上去。20世纪30年代初,党中央在苏区也实施了农民教育,提高了农民的阶级觉悟,创造了新的工农苏维埃文化。延安时期,农民对于中国革命的重要性以及农民的主体地位得到进一步的明确和强调,就像毛泽东在《论联合政府》中指出,农民不仅是"中国工人的前身"和"中国工业市场的主体",更是"中国军队的来源",因此,"中国的民主主义者如不依靠三亿六千万农民群众的援助,他们就将一事无成"。③

延安时期中国共产党建立了以延安为指挥中心的19块抗日民主根据地。延安时期党对农民的马克思主义话语权是通过充分了解农村现

---

① 《李大钊全集》第二卷,人民出版社,2006,第304页。
② 《毛泽东选集》第一卷,人民出版社,1991,第77页。
③ 《毛泽东选集》第三卷,人民出版社,1991,第1078页。

状、广泛开展农民教育、大力改善农民生活等途径，以及在此过程中实现与农民关系的良性互动中构建起来的。

首先，充分了解农村及农民的现状。大革命失败后，中国共产党转向农村建立革命根据地。在中国共产党进入农村之前，农民有着自己的传统、文化、心理和行为方式。中国共产党进入农村之后，怎样有针对性地对农民进行全面的教育和动员，怎样将自身持有的意识形态或话语体系与农民大众固有的传统、话语形式进行合理融合，从而获得农民的政治认同，激发农民参与革命的热情和积极性，就成为马克思主义话语权构建的中心问题。为此，以毛泽东为代表的中国共产党人指出，与农民打交道"没有调查就没有发言权"[1]，强调要深入农村，了解农民，坚持调查研究的作风。毛泽东在《〈农村调查〉的序言和跋》中指出："用马克思主义的基本观点，即阶级分析的方法，作几次周密的调查，乃是了解情况的最基本的方法。只有这样，才能使我们具有对中国社会问题的最基础的知识。"[2]通过对一个个具体事情，一个个村庄的具体、深入的调查，中国共产党获得了对中国乡村社会状况的准确认识，并以此为依据制定出合乎实际要求的方针政策。比如：通过调查认定土地问题是乡村阶级斗争的中心问题，从而在农村开展土地改革运动（包括减租减息运动）；通过对传统农民正义观的了解和借用，用马克思主义的阶级分析方法引导农民积极参加革命；针对农民普遍落后的文化水平采取扫盲识字运动，用农民大众喜闻乐见的传播方式宣传马克思主义和党的各项政策；等等。

其次，广泛开展农民教育。"理论一经掌握群众，也会变成物质力

---

[1]《毛泽东选集》第一卷，人民出版社，1991，第109页。
[2]《毛泽东选集》第三卷，人民出版社，1991，第789页。

量。"①延安时期，中国共产党通过对农民大众实施文化知识教育、抗战爱国教育、阶级斗争教育、民主政治教育等各种形式的农民教育，推动马克思主义在广大农村的传播，有效地组织动员农民参加革命，从而为最终夺取全国政权奠定了坚实的基础。第一，开展文化知识教育。抗日战争爆发后，针对农村根据地人口文化水平普遍很低的现状，中国共产党积极开展扫盲识字运动，教育农民识字，提高农民的文化水平，激发农民参加抗战的积极性，教给民众参加民族解放战争必备的革命意识、必要的知识和技术，以实际行动为抗战胜利作出贡献。1937年下半年开始，陕甘宁边区政府组织了冬学、夜校、半日制学校等，开展日常化的识字扫盲，提高农民的文化水平、抗战意识以及战时的生产生活知识。第二，开展抗战爱国教育。延安时期，根据地普遍开展的社会教育除了识字教育，还有政治教育。主要是动员抗战，培养民族战士，培育农民对国家、民族的责任感和使命感。除了报纸、杂志、书籍、广播、电影等媒介，党在陕甘宁边区及其他抗日根据地还通过歌曲、秧歌、快板书、戏剧、街头诗、墙报、年画等农民喜闻乐见的方式和途径，将自己的革命话语体系向农村根据地延伸，对农民进行抗战教育和民族主义、爱国主义精神的教育。比如，陕甘宁边区政府在征收"救国公粮"的社会动员中，把农民缴纳公粮提升到维护国家和民族利益的高度，引导农民超越传统的宗族观念和地方主义的狭隘，将自身利益与边区利益、民族利益、国家利益联系在一起，建立起缴纳救国公粮不仅是保护边区、帮助国家同时也是解救自己的思维逻辑。持续的抗战宣传和民族意识教育，不仅激发了抗日根据地民众的抗战爱国意识，也滋生了对中国共产党及其领导的军队和政权的热爱、信任、认同。有农民坦言："八路军拿着命在拼，咱们能安乐

---

① 《马克思恩格斯选集》第一卷，人民出版社，2012，第9页。

地坐在家里，为啥不出点粮？为啥不好好执行命令。"①第三，开展阶级斗争教育。延安时期，中国共产党领导各根据地逐步开展减租减息和土地改革运动。正是在这一过程中，中国共产党将马克思主义阶级斗争观念与乡村社会传统农民正义观进行有效嫁接，从而对根据地农民实施了大规模的阶级斗争教育。通过召开诉苦会等方式集中揭露地主财富来源的不正当性、富人为富不仁的非道德性，进行阶级意识灌输。在针对普通农民和基层干部的识字课本和教材中配有《问地主》《共产党就是革命的领导者》等课文，用通俗易懂的语言讲明阶级斗争的道理，将中国共产党所持有的意识形态、话语体系经过改造与农民的直接利益或情感联系起来，唤起贫苦农民的和斗争意识，起到了很好的宣传和传播效应。第四，开展民主政治教育。从1937年至1946年，陕甘宁边区和其他抗日根据地先后组织了三次较大规模的民主选举运动，抗日根据地的政权也是经过民主选举建立起来的。针对不识字的农民，党在陕甘宁边区还创造出了投豆子、举胳膊、画圈、画点等投票方式，组织农民公开选举他们自己满意的人选。各根据地的政府遇到各种重大事项，都会组织民众讨论，政府工作和干部行为也会接受群众监督。在民主选举、群众讨论、群众议政、民主监督实践中，农民的政治参与精神和公民意识得到了增强，对中国共产党及其领导的政权产生了强烈的认同，他们表示："我们这些农民还能批评政府的干部，而且都能虚心接受，真是开天辟地没有见过的事。"②张闻天在对陕甘宁边区的农村展开调查后得出结论："人民是新政权的主人翁，而新政权就是人民的。"③

---

① 秦燕：《延安时期马克思主义大众化实践研究——以根据地农民教育为中心》，中国社会科学出版社，2018，第101页。

② 《陕甘宁边区抗日民主根据地》，中共党史资料出版社，1986，第136页。

③ 张闻天：《神府县兴县农村调查》，人民出版社，1986，第77页。

再次，大力改善农民生活。实现群众利益是取得马克思主义话语权的基础和前提，尤其是要满足中国最大多数农民的利益。延安时期，中国共产党在广大农村根据地进行了一系列社会经济的变革，切实改善农民生活，最终赢得了农民的支持。第一，坚定地支持农民反抗剥削和压迫的斗争。获得"翻身"的农民不仅把中国共产党及其军队看作是救济饥民、抗击日本人的中坚力量，而且把他们看成是能够解决农民一切问题的救世主，自愿跟着中国共产党走。第二，在根据地农村开展土地改革和减租减息运动。延安时期，各根据地斗争地主分田地、地主减租减息、农民交租交息等政策的出台和实施，充分减轻了农民负担，保障了农民权益，也很大程度上缓和了农民内部的利益矛盾。农民在生活上翻了身，其抗战热情和生产积极性也必然大大地增强。第三，把劳动与教育相结合大力开展大生产运动。为解决边区的经济困难，提高农民的生活水平，1941年开始，自己动手、丰衣足食，轰轰烈烈的大生产运动正式展开。1942年12月，毛泽东参加中共中央西北局高干会议，并作了报告，在这篇题为《抗日战争时期的经济问题和财政问题》的发言中，他正式阐明了建设边区的指导方针，即把发展生产和增强教育作为今后工作的两大中心任务。在大生产运动中，战斗、生产和教育融为一体，农民不仅得到了"看得见的物质利益"，普遍过上了温饱生活，而且还获得了知识上的增长，同时也增强了对党的号召、政策的了解和理解，更为重要的是强化了对党的话语、权威的接受和认可。最终，中国共产党在根据地的广大农村赢得了民心，取得了抗战胜利，也取得了广大农民群体对马克思主义理论和话语认同和接受。

二、丰富话语载体

诚然，马克思主义的理论和话语唯有在人民群众中广泛传播，并被真正理解、接受、认同，才能发挥出其应有的功能和作用。基于此，延安时期，中国共产党充分借助报纸、杂志、广播、来访的国际友人等话语载体和传播媒介的作用，通过多样化的话语载体，逐渐构建起主流意识形态话语权。

由于战争环境和物质条件的制约，报刊、通讯社、广播、电影、著作等成为中共在延安时期对外宣传的主要媒介和话语载体。

首先，中国共产党积极在国内外创办各种对外刊物。中共早期在国外创办的进步报刊有莫斯科的《救国报》、纽约的《先锋报》等。1935年12月9日，《救国时报》在法国巴黎创刊，成为中国共产党在国外从事抗日宣传的机关报，刊载了许多中共中央的文件、毛泽东的著作和共产国际领导人的作品。此外，中国共产党还在香港创办了《华侨通讯》《华商报》等海外报刊，对海外华侨积极宣传抗日救国。1938年1月11日，作为建党以来中共在全国公开发行的第一份报纸《新华日报》在武汉创刊，除了对党的政治理论进行宣传，还及时揭露日本帝国主义在中国犯下的滔天罪行，对国际舆论进行正面引领。1941年3月，中共第一份外文刊物《中国通讯》（Report From China）在延安出版，其创刊号用英、法、俄三种文字揭露了皖南事变的真相。1937年1月，中共在红色中华通讯社的基础上成立了新华通讯社。1938年11月下旬，中共领导的国际新闻社在桂林建立总社，并在香港设立分社，在重庆等地设立办事处，发表中共抗日的大量信息，从而有力地打破了国民党的新闻封锁。①

其次，中国共产党还通过建立广播电台、拍摄电影和纪录片等形式团结抗战力量。1940年12月10日，延安新华广播电台首次播音。

---

① 张瑾等：《抗战时期中国共产党在重庆的舆论话语权研究》，重庆出版社，2015，第377页。

第四章　延安时期主流意识形态话语权构建的逻辑探析

1941年12月3日，以侵华日军为主要听众对象的延安新华广播电台日语广播开播，对在政治上瓦解敌军起到重要作用。太平洋战争爆发后，1944年9月1日，新华社开设了对外的英文广播，中共及其领导的革命根据地的情况通过红色电波传递到世界各地。1938年9月，中共中央组建了延安电影团，摄影组深入革命根据地拍摄了《延安与八路军》等多部电影和纪录片。这些反映延安及抗日根据地真实生活的影片，不仅为中国革命留下了珍贵的史料，也为世界人民了解中国共产党领导军民积极抗日的事实作出了贡献。

再次，中共领导人公开发表的文章、著作发挥了积极作用。比如，毛泽东抗战时期撰写的《实践论》《矛盾论》《论持久战》《新民主主义论》等著作出版后，不仅在中国国内产生了深远的影响，而且在国际上也受到了高度评价。例如，1938年5月毛泽东发表的《论持久战》，是一篇阐述中国抗日战争如何发展的重要军事论著，对八路军和新四军在抗日战争的伟大实践中有着重要的指导意义，也对国民党将领产生了不小的影响。曾任国民党军事委员会副总参谋长的白崇禧赞赏毛泽东的这篇著作代表军队能够出奇制胜的最高智慧，他将此书转呈蒋介石，书中内容也得到了蒋介石的高度称赞。后来，白崇禧将毛泽东《论持久战》的精髓提炼为"积小胜为大胜，以空间换时间"八个字，并将中国抗日战争的战略指导方针就确立为持久战的精神。[1]为了扩大影响，周恩来还把《论持久战》由武汉寄到香港，委托宋庆龄找国际友人爱泼斯坦等人翻译成英文，毛泽东更是为《论持久战》英译本专门写了一篇序言——《抗战与外援的关系》。在这篇序言中，毛泽东"希望此书能在英语各国间唤起若干的同情，为了中国利益，也为

---

[1] 程思远：《我的回忆》，华艺出版社，1994，第131页。

了世界利益。"①可见，毛泽东等中共领导人的著作和文章，向国际社会传播了中国共产党的政策主张以及中共领导人的智慧，树立了中共在国际上的良好形象，对延安时期主流意识形态话语权的确立起到了非常重要的作用。

除此之外，在抗战时期，中国共产党还主动与国内的爱国人士、民主力量，身处在国外的中华儿女联络，获得他们的支持与认同。比如，毛泽东曾经以中共中央的名义先后给宋庆龄、李宗仁、张学良等写信，表明中共的政策主张以及态度。毛泽东等中共领导人在延安分别接见了到访的梁漱溟、黄炎培等社会知名人士，卫立煌、邓宝珊等国民党将领，陈嘉庚等爱国华侨，通过与他们深入交谈和接触，加深了他们对中国共产党的了解。他们离开后也积极宣传在延安观察到的先进事迹，进一步凝聚了抗日力量。

最后，通过来华的外国友人的力量进行对外宣传，也是延安时期中国共产党加强对外宣传、扩大马克思主义话语影响力的另一个重要方式。毛泽东、周恩来、朱德等中共领导人非常重视西方记者、学者和外交人员等到延安和革命根据地的考察活动，并且亲力亲为、积极主动与到访的国际友人交流接触，向国际社会传播中共的实际情况和政策方针。比如，毛泽东在延安与斯诺彻夜长谈、周恩来在重庆与各国记者交朋友、朱德与史沫特莱在抗日前线建立深厚战斗友谊，等等，已成为中国抗战史和世界传播史上流传至今的历史佳话。以斯诺、史沫特莱、斯特朗的频繁到访延安和1944年中外记者西北参观团在根据地持续六个月的采访活动为契机，中国共产党成功开启了自己的对外传播事业。这些外国来访者在对边区和根据地进行考察后，用自己的笔和"嘴"向世界宣传报道了中共领导军民英勇抗战的先进事迹和作

---

① 《毛泽东文集》第二卷，人民出版社，1993，第146页。

第四章　延安时期主流意识形态话语权构建的逻辑探析

风优良的"人民政党"形象。他们撰写并出版的著作，比如：《红星照耀中国》（斯诺）、《华北前线》（贝特兰）、《人道主义：中国战争纪事》（汉森）、《中国震撼世界》（贝尔登）、《中国的双星》（卡尔逊）、《红色中国的挑战》（斯坦因）、《来自红色中国的报道》（福尔曼）等等，使得中国共产党在国际社会的影响力大幅提升并迅速赢得了国际社会的认同，为中国抗日战争取得胜利起到了积极的作用。

需要特别指出的是，延安时期中国共产党能依据不同话语受众，及时调整话语传播策略，为马克思主义话语权建设积累了丰富经验。1948年，传播学创始人之一、美国学者拉斯韦尔在《传播在社会中的结构和功能》中首次提出了传播过程模式"5W"理论，即"谁，说什么，通过什么渠道，对谁说，有什么效果"[1]。延安时期，中国共产党人虽然尚不具备掌握和运用传播学原理的历史条件，但中共在对外宣传中的实际做法，却暗合了新闻传播和话语传播的规律，展现了高超的国际传播策略。具体体现在：中国共产党及其对外宣传机构始终是开展话语传播的积极因素，侧重宣传自己坚决抗日和统一战线思想，充分利用报刊、广播、影像等宣传载体，并借助西方记者的力量，向国际社会传播共产党的正确主张，最终取得了显著的国际传播效果。尤其是在方法层面上，抗战时期，中国共产党能够根据不同受众和环境变化，及时调整传播策略，做到内外有别、有的放矢。比如，1941年12月3日开播的延安新华日语广播，由日籍人士原清志担任主播，以侵华日军为主要听众对象，积极宣传中共宽待俘虏的政策、说明日本发动侵略战争的性质和失败的必然，当时有不少日军士兵在收听到广播后主动投降了八路军。据说，新华社英文广播部的编辑们，更是根据不同地理位置外国听众的特殊兴趣爱好来撰写英文报道，这种做

---

[1] 郭庆光：《传播学教程》，中国人民大学出版社，1999，第59页。

法取得了良好的话语传播效果。

总之，延安时期，中国共产党在马克思主义意识形态理论和文化领导权思想的指导下，通过创建对外宣传机构、借助多样化的宣传载体，发挥民主爱国人士和国际友人的桥梁作用等途径，将中国遭受日本侵略的情况和党领导人民敌后抗战的现状及时展现给国际社会，赢得了国际社会的同情和支持，提升了中国共产党对外宣传工作的国际传播力和影响力。

2021年5月31日，中共中央政治局组织了第三十次集体学习，习近平总书记在主持会议时强调，新时期加强我国国际传播能力建设的重要任务就是讲好中国故事，向世界展示好中国形象。[1]历史是最好的教科书，中国革命历史是最好的营养剂。在新的时代条件下加强和改进我国的国际传播工作，我们有必要从党在革命、建设、改革时期不断推进对外传播工作的奋斗历程和优良传统中去获得历史智慧与精神启迪。

而延安时期中国共产党开展对外宣传工作、提升国际传播能力建设的理论和实践经验，是一笔非常丰厚的历史遗产，对于在新的历史条件下加强马克思主义话语权建设、提升我国的国际传播能力和国际话语权、构建人类命运共同体，具有深刻的启示价值，值得我们学习、借鉴。

三、创新话语内容

毛泽东在《改造我们的学习》中，谈到了中国共产党人学习马克思主义的方法和态度，就是"有的放矢"，"'的'就是中国革命，

---

[1]《习近平谈治国理政》第四卷，外文出版社，2022，第316页。

第四章　延安时期主流意识形态话语权构建的逻辑探析

'矢'就是马克思列宁主义。我们中国共产党人所以要找这根'矢',就是为了射中国革命和东方革命这个'的'的。"①其实,这种态度不仅适用于学习马克思主义理论,而且也同样适用于马克思主义话语体系创新以及话语权构建。

诚然,延安时期主流意识形态话语权构建,离不开中国共产党人在马克思主义中国化的过程中,对马克思主义经典话语在贴近中国革命现实基础之上的话语创新与构建。马克思主义中国化,也就是马克思主义时代化、民族化和大众化的过程。

第一,话语内容的时代化创新。延安时期,以毛泽东为代表的共产党人,把马克思主义基本原理和时代发展、时代特征相结合,向全党和全国人民阐明了俄国十月革命之后人类社会已经迎来了一个崭新的时代。1940年1月,毛泽东在《新民主主义论》中指出:"现在的世界,是处在革命和战争的新时代,是资本主义决然死灭和社会主义决然兴盛的时代。"②从整体上说,中国革命已经是世界社会主义革命的一部分了。因此,在这个时代里,中国民主革命不能由资产阶级来领导,而只能由代表社会先进生产力的中国共产党来领导。因为,"中国革命是包括资产阶级民主性质的革命(新民主主义的革命)和无产阶级社会主义性质的革命、现在阶段的革命和将来阶段的革命这样两重任务的"③。这两重革命的任务必须由中国无产阶级的政党即中国共产党的领导,才能够取得成功。中国革命的前途如何呢?因为中国革命是新民主主义的革命性质,所以"中国革命的终极的前途,不是资本主义的,而是社会主义和共产主义的"④。毛泽东的上述论述,是对马

---

① 《毛泽东选集》第三卷,人民出版社,1991,第801页。
② 《毛泽东选集》第二卷,人民出版社,1991,第680页。
③ 同上,第651页。
④ 同上,第650页。

克思列宁主义关于无产阶级革命话语的时代化创新，为中国人民指明了革命的背景、任务和方向。

第二，话语内容的民族化创新。马克思恩格斯在《共产党宣言》等著作中阐述的关于无产阶级的阶级斗争学说，列宁领导十月革命取得成功的革命理论，都不是在中国的语境下诞生的。因此，中国共产党在领导中国的革命实践中，必须把马克思主义的经典话语进行中国化的改造和转换，从而构建起一套中国化的马克思主义话语体系。延安时期，中国共产党在继承中国传统文化、吸收西方先进文化的基础上，确立起了民族的、科学的、大众的新民主主义文化。具体而言，毛泽东、张闻天、李达、艾思奇、成仿吾等中国先进的知识分子，把马克思主义的立场和观点融入中国历史文化思想精髓，辩证性地分析中国传统文化中的精华与糟粕，大胆创新，致力于建设具有"中国作风和中国气派"的实践唯物主义哲学以及马克思主义理论话语，使中国共产党的话语体系逐渐形成，并获得民众认同，逐渐获得马克思主义话语权，从而实现了对马克思主义经典话语的民族化创新。

第三，话语内容的大众化创新。马克思主义大众化的实质，是让马克思主义世界观、方法论和话语体系充分地被人们所理解、掌握、接受和认同，并变成人们认识世界和改造世界的工具。延安时期，中国共产党非常重视对马克思主义经典话语的大众化创新、改造。1938年，张闻天在中共六届六中全会上指出，推进马克思主义中国化，必须"使它为中国最广大的人民所接受"，尤其是使党的干部能够"在思想上武装起来"。[①]1942年2月，毛泽东在《反对党八股》中强调，"当你写东西或讲话的时候，始终要想到使每个普通工人都懂得，都相信

---

① 《建党以来重要文献选编（1921—1949）》第15册，中央文献出版社，2011，第700—701页。

你的号召，都决心跟着你走。"①刘少奇在中共七大所作的《关于修改党章的报告》中再次重申，要把马克思主义"用中国人民通俗语言的形式表达出来，使之适合于新的历史环境和中国的特殊条件，成为中国无产阶级群众与全体劳动人民群众战斗的武器。"②从具体实践的角度来看，延安时期，中国共产党的领导人善于把中国古代农民战争和历史上以少胜多的战例以及古代军事著作《孙子兵法》的军事理论，借助于民间故事、谚语，以唱戏、说书、民间集会等途径散布给广大人民群众，从而大大地鼓舞了中国人民反抗外敌入侵的斗志，使处在水深火热中的人民大众看见了取得抗战胜利的冀望。延安文艺座谈会之后，中国共产党引导文艺工作者主动接近广大民众的话语特点，制作歌剧《白毛女》《刘胡兰》、歌曲《黄河大合唱》《松花江上》、喜剧《打鬼子》《放下你的鞭子》等大量群众喜闻乐见的文艺作品，感动、感染了民众，使民众赞不绝口。此外，延安还成立了大众读书社、怀安诗社、小说研究会等文化团体组织，在交流传统文化的同时营造了积极向上的文化氛围，同时也将广大人民群众团结了起来。所有这些都清楚表明中国共产党领导的话语内容的大众化创新，使延安形成的政治文化和革命文化已经通过民众的检验并内化为广大工人、农民、士兵、干部的革命意识形态和斗争意志，逐渐超越最初的话语宣传，上升为民族国家构建主流意识形态话语权的地位。

---

① 《毛泽东选集》第三卷，人民出版社，1991，第843页。
② 《刘少奇选集》上卷，人民出版社，1981，第336页。

第三节　主流意识形态话语权的构建策略

延安时期，中国共产党通过紧扣时代主题设置话语议题，重视人民群众的切身利益，对国民党顽固派采取"又斗争又团结，以斗争求团结"等策略，逐步构建起主流意识形态话语权，最终被中国人民广泛接受和认可，党的革命事业也受到国际社会的普遍关注和了解，逐渐发展成为在全国范围执政的党。

一、紧扣时代主题

延安时期，中国共产党所面对的时代主题以及主要任务是，组织民众抗击日本侵略以取得民族独立解放，实现民主自由。而这一切的目标都必须用马克思主义及其中国化的理论去指引中国革命斗争。正因如此，毛泽东于1938年10月在中共六届六中全会上的讲话所形成的《论新阶段》的报告中，率先提出并深刻阐释了"马克思主义中国化"这一重大的时代课题。毛泽东鲜明地指出，"没有抽象的马克思主义，只有具体的马克思主义"，"离开中国特点来谈马克思主义，只是抽象的空洞的马克思主义"，因此，"马克思主义中国化，使之在其每一表现中带有中国的特性，即是说，按照中国的特点去应用它，成为全党亟待了解并亟待解决的问题。"[①]刘少奇在中共七大《关于修改党章的报告》中也进一步强调，由于中国的特殊国情，要使马克思主义从欧洲形式变为中国形式，使马克思主义系统地中国化，"乃是一种特殊

[①]《建党以来重要文献选编（1921—1949）》第15册，中央文献出版社，2011，第651页。

的、困难的事业",而毛泽东已经"出色地成功地进行了这件特殊困难的马克思主义中国化的事业"。①除此之外,张闻天、朱德、李维汉、陈云、彭真等也对"马克思主义中国化"命题进行了阐释。这一系列论述,明确了要用"马克思主义中国化"来设置中国革命话语权的主题,奠定了延安时期主流意识形态话语权的基石。

延安时期,中国处于民族矛盾和阶级矛盾交错的时期,尽管阶级矛盾没有消除,但民族矛盾成为中国社会的主要矛盾,领导中国人民抗击日本帝国主义的侵略成为那个时代的主题。从国际局势看,中国人民组织起来反抗日本侵略的斗争是世界反法西斯战争的一部分,在一定程度上也能够得到世界反法西斯国家和人民的理解、支持。因此,"中国不是孤立的,是与世界人民求解放的斗争相联结的。"②随着抗日战争的推进,抗战形势转为战略相持阶段之后,日本帝国主义采取了拉拢国民党以分化中国革命阵营的策略,致使国民党蒋介石政府变得越来越消极抗日、积极反共。在上海、南京、武汉相继沦陷之后,面对国民党军队在正面战场的节节败退,中国人民的抗战情绪和抗战信心也受到了一定程度的影响。但中国共产党领导的八路军、新四军等英勇抗战的先进事迹,迅速增强了广大人民群众的抗日信心。而且,展现给外界的是中国共产党与国民党的鲜明对比:前者积极抗日,后者不但消极抗日还积极反共,两相比较就使得更多的爱国人士更加认同和支持共产党的政策主张,为延安时期主流意识形态话语权构建奠定了社会舆论基础。

---

① 《刘少奇选集》上卷,人民出版社,1981,第335—336页。
② 《毛泽东文集》第二卷,人民出版社,1993,第108页。

二、满足群众利益

自己的利益诉求得到满足，是人民群众接受、认同马克思主义话语的前提。我们党坚定地践行为民立场，"始终把为中国人民谋幸福、为中华民族谋复兴作为自己的初心和使命"①。抗日战争进入相持阶段后，蒋介石政府为保持专制独裁，意图彻底封锁中共领导下的革命根据地。在经济方面，蒋介石政府停发了八路军、新四军的军饷，切断所有物资供应和物品流通，导致各革命根据地严重的经济困难；在政治方面，国民党实行一党专政，打压屠杀中共党员；在文化方面，控制舆论，阻隔马克思主义理论和中共意识形态话语的传播；在军事方面，国民党连续制造军事摩擦，掀起三次大规模的反共高潮和军事进攻。国民党的封锁、压迫，使本就困难重重的边区人民的生活更加"雪上加霜"。

针对当时中国人民面临经济不发展、政治不民主、文化落后的艰难处境，中国共产党着重要思考和解决的就是怎样从以上三个领域帮助广大人民群众看到希望，得到实惠，给予人民群众获得感。政治方面，党领导人民当家作主，进行了"三三制"政权建设。1937年5月，边区政府出台了《陕甘宁边区选举条例》，组织民众通过选举参议员来管理陕甘宁边区的各项事业。1937年、1941年、1945年，中国共产党在陕甘宁边区开展了三次大规模的普遍、平等、无记名的差额选举，探索了世界上绝无仅有的投豆法、画圈法、烧洞法等投票方法，充分激发了人民群众参政议政的热情，保障了人民政治权利。经济方面，中国共产党为了突破国民党的严密封锁，积极发动党员干部和人民群

---

① 《中共中央关于党的百年奋斗重大成就和历史经验的决议》，人民出版社，2021，第1页。

第四章　延安时期主流意识形态话语权构建的逻辑探析

众开展"自己动手、丰衣足食"的大生产运动,缓解了边区政府和根据地的经济压力;同时,党在边区兴办大批互助合作社、发展工商业、没收帝国主义资产和官僚资本等政策做法,极大地促进了根据地经济的发展。文化方面,中国共产党在边区发起广泛的社会政治动员,创新文艺形式,发动文化教育改革,建设新民主主义文化,普及科学文化知识和卫生常识,反对愚昧迷信,养成健康的生活习惯,通过扫除文盲运动,使大多数民众摆脱文盲状态,不仅有效地解除了统治阶级强加的精神文化枷锁,提高了人民群众的文化水平,也获得了在文化领域的话语领导权。另外,为了反对"一切对于妇女的压迫"和"日本帝国主义对于妇女的侮辱",中国共产党在延安时期努力追求"妇女的地位平等",实现"妇女的解放"。[①]1938年3月8日,陕甘宁边区第一届妇女大会召开之后,由边区各界妇女联合会领导下的各级妇联组织纷纷成立,通过组织女自卫军、春耕委员会、秋收委员会、识字小组、妇女放足委员会等各种专门活动,一方面发动边区妇女群众积极参加抗战动员工作,另一方面在提高妇女的政治文化水平、改善妇女生活、选拔和培养妇女干部等方面发挥了重要作用,引导陕甘宁边区和各根据地广大妇女群众积极投身于中华民族抗战与解放的壮丽事业中去。

毛泽东曾经说过:"战争的伟力之最深厚的根源,存在于民众之中"[②]"只要我们依靠人民……和人民打成一片,那就任何困难也能克服,任何敌人也不能压倒我们,而只会被我们所压倒。"[③]中国共产党"站在最大多数劳动人民的一面",始终把人民利益放在第一位,以对

[①]《毛泽东年谱(1893—1949)》(修订本)中卷,中央文献出版社,2013,第98页。
[②]《毛泽东选集》第二卷,人民出版社,1991,第511页。
[③]《毛泽东选集》第三卷,人民出版社,1991,第1096页。

人民的无限忠诚，最终赢得了民心，为延安时期主流意识形态话语构建提供了坚强的保障。

三、以斗争求团结

面对特殊的革命环境，复杂的政治派别和阶级现状，中国共产党运用马克思主义阶级斗争和矛盾分析的方法，在革命策略上坚持原则性和灵活性相统一，尽最大可能化解国内危机，团结一切革命力量，推进革命进程。

抗战时期，针对资产阶级的"两面性"，以毛泽东为代表的中国共产党人采取"又联合又斗争""以斗争求团结"的策略，抓住"敌之不利因素"，扩大"我之有利因素"，实现"强弱程度上和优势形势上的大变化"[1]，从斗争中创造新局面，赢得了主流意识形态话语权。

首先，阐明中国资产阶级的"两面性"特征。早在国民革命时期，毛泽东在《中国社会各阶级的分析》一文中就指出："谁是我们的敌人？谁是我们的朋友？这个问题是革命的首要问题。"[2]并且科学地预见到了中国资产阶级的"两面性"，后来在1927年发生的反革命政变中得到了证实。抗日战争爆发后，日本帝国主义和中华民族的矛盾随即上升为中国社会的主要矛盾，日本对中国的军事入侵必然会激起全体中国人民的大力反抗。但是参加抗日的中国资产阶级，包括大资产阶级和民族资产阶级仍旧存在着"两面性"的特征：当日本的入侵伤害到自己的既得利益时，他们会加入革命洪流；当伤害解除或者减轻时，他们就会发生动摇。关于这一点，毛泽东等人保持了高度的理论清醒。1939年，毛泽东在《中国革命和中国共产党》一文中再次指出

---

[1]《毛泽东选集》第二卷，人民出版社，1991，第461页。
[2]《毛泽东选集》第一卷，人民出版社，1991，第3页。

第四章　延安时期主流意识形态话语权构建的逻辑探析

了中国民族资产阶级的"两面性"：一方面"受帝国主义的压迫"和"封建主义的束缚"，在反帝国主义和反官僚军阀政府上"他们是革命的力量之一"，体现出革命性、积极性；另一方面"他们同帝国主义和封建主义并未完全断绝经济上的联系""没有彻底的反帝反封建的勇气"，因而又具有软弱性、妥协性。①抗日战争时期，大资产阶级的一部分也表现出了既"联共抗日"又"反共妥协"的"两面性"：抗战早期在"抗日""救国""反侵略"力量的促使下，他们尚且能够与中共一起共同抗击外敌入侵；但当抗日战争进入相持阶段后，由于日本调整了对华政策，由原来的全面进攻改为重点进攻共产党领导的敌后根据地，对国民党政府和军队则主要采取政治诱降策略，再加上英、美等国家的对日绥靖政策，使得中国大地主大资产阶级阵营内部发生了分裂，以蒋介石为代表的"亲英美派"对抗日越来越消极，而汪精卫"亲日派"更是公开叛国投敌，与日本侵略者一起变成了中国人民的敌人。

其次，对党内统一战线错误观点的批判。幼年时期的中国共产党在团结资产阶级革命方面先后犯了右倾机会主义和"左"倾关门主义的错误。国民革命时期，陈独秀等人看到了中国资产阶级的革命性而忽视了他们的软弱性，主张"一切联合反对斗争"，因此犯了右倾机会主义错误，致使大革命失败。土地革命战争时期，中共某些领导人虽然注意到了中国资产阶级的消极反动性，但忽略了他们同大地主、大资产阶级的矛盾和差异，主张"一切斗争反对联合"，从而犯了"左"倾关门主义错误。抗日战争时期，王明在统一战线领导权问题上同样犯了右倾机会主义错误。1937年底，王明从莫斯科回国后，提出了"一切为了抗日、一切经过抗日民族统一战线，一切服从抗日"的右倾

---

① 《毛泽东选集》第二卷，人民出版社，1991，第640页。

错误主张，强调在统一战线中不应该是"谁领导谁"的问题，而应该是"共同负责，共同领导"。①针对王明"一切经过统一战线"错误观点，毛泽东在吸取过去经验教训的基础上，强调中国共产党应掌握抗日民族统一战线的领导权；针对资产阶级的"两面性"特点，毛泽东在1940年间先后写了《团结一切抗日力量，反对反共顽固派》《目前抗日战争中的策略问题》《团结到底》《论政策》等文章，提出并系统阐述了"以斗争求团结"的策略思想，目的是尽可能地消除或减少破坏统一战线、影响抗日的消极因素，汇聚能够与无产阶级建立统一战线、共同抗日的革命力量。这充分展现了中国共产党人在处理与资产阶级关系问题上愈发成熟。

再次，"以斗争求团结"思想的实践运用。第一，团结民族资产阶级和其他中间势力的革命性，斗争他们的软弱性。延安时期，为了集中一切力量抗击日本侵略者和其他反动势力，中国共产党提出了"发展进步势力、争取中间势力、反对顽固势力"②的策略主张，对民族资产阶级、开明绅士和地方实力派等可能的力量实行"又团结又斗争"的方法，"团结他们一起反对帝国主义，支持他们一切反对帝国主义的言行；对他们反工人阶级的、反共的反动言行，进行适当的斗争"③，斗争的目标也是为了联合他们以取得抗日战争的最终胜利。第二，联合资产阶级顽固派的抗日性，斗争他们的反共性。虽然国民党代表中国大地主大资产阶级的利益，可是国民党内部也存在分化：既有顽固派，也有进步派和中间派。后两派在抗日战争中是能够从民族大义出发支持抗战行动的；即使是前者，尽管总体上不赞同革命也蔑视群众

---

① 《王明言论选集》，人民出版社，1982，第536页。
② 《毛泽东选集》第二卷，人民出版社，1991，第745页。
③ 《毛泽东文集》第七卷，人民出版社，1999，第135-136页。

第四章　延安时期主流意识形态话语权构建的逻辑探析

力量，但是一旦中日矛盾变成为主要矛盾时，"国民党在一九三七年和一九三八年内，抗战是比较努力的，同我党的关系也比较好，对于人民抗日运动虽有许多限制，但也允许有较多的自由。"[①]然而随着抗战进入到后期，由于日本帝国主义改变了进攻策略，在政治诱降策略下汪精卫走上了公开叛国投敌的道路，因此国民党顽固派也产生了动摇，国民党甚至谋划了积极反共的政策，经常性制造与中共的军事摩擦。这些都体现出了抗日与反共的"两面性"。但因为战时需要，以蒋介石为代表的顽固派在反共时却自动与汪精卫"投降派"划清界限，不愿自己背负破坏统一战线的骂名。基于此，中国共产党对资产阶级顽固派采取了"又打又拉""有理、有利、有节"的方针，即"斗争要有道理，要有胜利的把握，取得适当胜利的时候要有节制"[②]。通过"拉其抗日，打其反共反民主"[③]，使得资产阶级顽固派"不敢轻易向我们进攻，不敢轻易同敌人妥协，不敢轻易举行大内战"[④]，争取他们尽可能长时间地留在抗日民族统一战线里面。第三，在把握"斗争"与"团结"的关系中，不断扩大马克思主义的话语影响力。延安时期，毛泽东等中国共产党人始终根据革命条件和社会环境的变化，及时调整"斗争"策略和"团结"对象，既保持策略性又注重灵活性，在联合社会各阶级建立和维护抗日民族统一战线中，促进共产党人的意识形态和话语体系逐渐得到国内各阶级人士的接受和认同。

---

① 《毛泽东选集》第三卷，人民出版社，1991，第941页。
② 《毛泽东文集》第七卷，人民出版社，1999，第135页。
③ 《毛泽东文集》第二卷，人民出版社，1993，第356页。
④ 《毛泽东选集》第二卷，人民出版社，1991，第750页。

第五章
延安时期主流意识形态话语权构建的主要成就

　　延安时期主流意识形态话语权构建的最主要成果，就是毛泽东思想以及新民主主义革命话语体系和中国式民主话语体系的确立。当然，这一过程也历经了毛泽东等人与反动思潮和言论的积极论争，在继承中国传统文化、批判吸收外来文化基础上的创新创造，最终形成了中国化的马克思主义话语体系。

第一节　掌握中国革命的话语领导权

　　全面抗战爆发后，部分中国人对于革命的性质、任务、策略、前途等存在着一些错误的观点、论调，这些错误思想给抗日民族统一战线的建立与巩固以及整个中国革命带来了非常大的危害。为此，毛泽东围绕中国革命问题同这些错误思想展开了四次著名的论争，表达了中国共产党人全面抗战的观点。通过论争，中国共产党获得了抗日民族统一战线的话语权、领导权和主动权。这一话语权、领导权与主动权的掌握，不仅为抗日战争和新民主主义革命的胜利奠定了坚实的思想基础,而且对于今天我们加强马克思主义话语权建设、构建新时代中国特色社会主义话语体系、实现中华民族伟大复兴的中国梦具有重要的启示意义。

一、关于革命策略

在革命策略上,驳"亡国论"和"速胜论",论"持久战"。

全面抗战爆发后,由于"客观事变的发展还没有完全暴露其固有的性质,还没有将其面貌鲜明地摆在人们之前,使人们无从看出整个的趋势和前途"①,当时全国范围内流行着"亡国论"和"速胜论"两种错误论调,给抗战局势带来极为有害的影响。

"亡国论"代表国民党中部分领导人的意见,在全面抗战之前就存在。自"九一八"开始,国民党当局在蒋介石"攘外必先安内"方针的指引下,主要精力用在集中力量"围剿"红军,而对日本侵略中国的行动则采取妥协退让的政策。他们大肆宣扬"中国武器不如人,战必败。""如果抗战,必会做阿比西尼亚。"②等悲观论调。七七事变后,日本的全面侵华行径破坏了英美帝国主义在中国的利益和蒋介石所代表的大地主大资产阶级的利益,致使蒋介石迫于国内外压力终于发表庐山谈话,勉强参加了抗日。但后来国民党军队在抗战中的节节败退,再次使"亡国论"甚嚣尘上。亲日派的汪精卫集团成为这种论调的主要传播者,他们叫嚷"再战必亡",企图为投降日本寻求借口。这种亡国论调在国民党内部、某些社会阶层,甚至一些劳动群众中产生了影响,导致这些人悲观地认为中国是打不赢的。"速胜论"主要来自国民党内亲英美派的蒋介石集团。他们在被迫抗战以后,仍存在严重的侥

---

① 《毛泽东选集》第二卷,人民出版社,1991,第440页。
② 同上,第441页。

第五章　延安时期主流意识形态话语权构建的主要成就

幸心理,幻想依靠英美国家的武器援助就能取得抗战速胜。一旦遇到有利战局时,他们就叫嚷"反攻""决战",而一旦战局不利或外援迟迟不来时,他们就由"速胜论"的鼓吹者迅速转变为"亡国论"的拥趸。同时,抗战初期的中共内部也存在着右倾投降主义的错误思想。王明等人"有一种毫无根据的乐观倾向",他们高估了国民党"正规战"而忽视了人民的力量,因而不懂得八路军、新四军独立自主开展"抗日战争中游击战争的战略地位"。①这些错误观点,给中共贯彻全面抗战路线带来极大危害。

为了驳斥"亡国论"和"速胜论"等唯心主义和形而上学的错误观点,澄清党内外思想上的混乱,鼓舞全国人民共同奋起抗战的信心,毛泽东于1938年5月发表了《论持久战》,解决了中国在抗日战争中的战略问题,使全国人民获得了对抗日战争的正确认识。在这篇光辉著作中,毛泽东运用矛盾特殊性和矛盾发展阶段性的原理,研究并阐发了抗日战争的规律,从中把握了持久战的发展趋势。第一,分析了中日战争双方矛盾的基本特点:敌强我弱;敌小我大;敌退步我进步;敌寡助我多助。第二,揭示了抗日战争将随着中日双方力量的消长会历经的三个历史阶段:日本战略进攻和中国之战略防御阶段,中日双方战略相持阶段以及日本战略退却和中国之战略反攻阶段。第三,批判了"亡国论"和"速胜论"的错误:前者过分夸大敌强我弱而忽视了其他问题;后者则过分夸大我方优势而忽略了敌方军事实力等情况。②这些所谓"唯武器论"其实是战争问题中的唯心论和机械论,只会主观地和片面地看问题。其错误在于,武器虽是战争中的重要因素但不是决定性因素,起决定作用的是人而不是物。对于中国抗战而言,

---

① 《毛泽东选集》第二卷,人民出版社,1991,第441页。
② 同上,第458页。

民兵才是胜利之本。中国只有坚持抗战，坚持统一战线，坚持持久战，实行人民战争，才是争取抗战胜利的唯一正确道路。最后，毛泽东总结道："亡国论者看敌人如神物，看自己如草芥，速胜论者看敌人如草芥，看自己如神物，这些都是错误的。我们的意见相反：抗日战争是持久战，最后胜利是中国的"。①

二、关于革命前途

在革命前途上，驳"资产阶级专政"，论"建立一个新中国"。

抗战进入战略相持阶段之后，国内各个阶级对于抗战胜利后建立何种类型国家提出了自己的主张。总体来说，资产阶级共和国的思想在当时最具影响。首先，代表大地主大资产阶级利益的蒋介石国民党极力主张宣传资产阶级共和国方案在中国的合理性与合法性。他们认为，中国无产阶级力量弱小，农民阶级组织涣散，唯有资产阶级才能担起中国革命任务。其次，一些代表民族资产阶级和上层小资产阶级利益的中间党派也希望走出一条满足自身需求的"中间路线"。1938年12月，国家社会党的张君劢发表了《致毛泽东先生的一封公开信》，主张取消边区和八路军、新四军，搁置党派与主义之争，走资产阶级共和国的道路。在1939年9月召开的第一届国民参政会第四次会议上，中国青年党、中国国家社会党等民主党派联合向大会递交了《请结束党治、立施宪政，以安定民心，发扬民主而利抗战案》。②这些民主党派虽然极力反对国民党的独裁统治，但也不完全赞同共产党的主张，而是妄想在抗日战争胜利后中国将变成一个效仿英美体制的资本主义国家。

---

① 《毛泽东选集》第二卷，人民出版社，1991，第514—515页。
② 韩晓青：《〈新民主主义论〉导读》，中共中央党校出版社，2018，第13页。

第五章 延安时期主流意识形态话语权构建的主要成就

为了回应当时各派提出的各种主张，澄清人们思想认识上的误区，回答中国民主革命和未来国家建设的一系列根本问题，毛泽东运用历史唯物主义基本观点，在总结中国革命实践经验的基础上，于1940年初创作了《新民主主义论》，精辟分析了中国革命的性质、特点和规律，科学回答了中国革命的性质、任务和前途等问题，并制定了新民主主义革命的总路线和总方针，为夺取新民主主义革命的胜利提供了思想保证。针对抗战结束后"中国向何处去"这一疑问，毛泽东在《新民主主义论》的开篇就鲜明地指出："我们要建立一个新中国。"[①] 接着，在分析中国革命的历史特点的基础上，毛泽东对"资产阶级专政"进行了批驳，指出建立资产阶级共和国的方案在中国是行不通的。第一，日本帝国主义为了能在中国实行殖民统治，会想尽办法阻断中国建立资产阶级国家的意愿；第二，既然中国革命已成为世界无产阶级社会主义革命的一部分，那么社会主义国家也不允许中国走资本主义道路；第三，中国资产阶级顽固派国民党当局长期实行的"一党专政"的现状，同样预示着中国难以建立一个真正意义上的资产阶级共和国。另一方面，由于在半殖民地半封建社会，中国资产阶级一定程度上依然具有革命性，因此也不能采用苏联式的无产阶级专政的社会主义共和国的形式。因此，毛泽东认为，我们"现在所要建立的中华民主共和国，只能是在无产阶级领导下的一切反帝反封建的人们联合专政的民主共和国，这就是新民主主义的共和国"[②]。最后，毛泽东对新民主主义的政治、经济和文化展开了论述。在政治上，作为一定历史时期采取的过渡的国家形式，新民主主义共和国的国体是"各革命阶级联合专政"，并非无产阶级专政或是资产阶级专政，新民主主义共

---

① 《毛泽东选集》第二卷，人民出版社，1991，第663页。
② 同上，第675页。

和国的政体是"民主集中制",政权组织形式上"只有民主集中制的政府,才能充分地发挥一切革命人民的意志,也才能最有力量地去反对革命的敌人"。①在经济上,新民主主义共和国实行的是"节制资本"和"平均地权"的方针,反对资本对国计民生领域的操纵和影响②。在文化上,建立的是民族的、科学的、大众的新民主主义文化③,新民主主义文化是为其经济和政治服务的。

三、关于革命任务

在革命任务上,驳"一次革命论"和"二次革命论",论"不断革命"。

新民主主义革命时期,在革命阶段论上一直存在着"一次革命论"和"二次革命论":前者主张毕其功于一役,后者认为在资产阶级革命和社会主义革命之间存在着一个资产阶级专政的社会。实质上,"一次革命论"和"二次革命论"都否认了两种革命的区别和联系,违背了马克思列宁主义关于不断革命的思想。1848年欧洲革命之后,马克思和恩格斯在《共产主义者同盟中央委员会告同胞书》中明确提出,无产阶级要不断革命,直至消灭全部有产阶级的统治后夺取国家政权。后来,列宁继承和发展了这一理论,他把俄国革命区分为民族革命和社会主义革命两个不同性质的历史阶段,认为两者既区别又联系,号召社会民主党人不断革命,"立刻由民主革命开始向社会主义革命过渡"④,决不能半途而废。

---

① 《毛泽东选集》第二卷,人民出版社,1991,第677页。
② 同上,第678—679页。
③ 同上,第698页。
④ 《列宁选集》第一卷,人民出版社,2012,第650页。

第五章　延安时期主流意识形态话语权构建的主要成就

　　毛泽东在《新民主主义论》等著作中，把中国革命的实际与马克思列宁主义指导原则相结合，坚持马克思主义关于不断革命论和革命发展阶段论相统一的原理，创造性地提出了新民主主义理论，在批驳"一次革命论"和"二次革命论"错误倾向的同时，丰富和发展了马克思主义不断革命的理论，为中国革命指明了方向。第一，阐明了中国革命分为新民主主义革命和社会主义革命两个性质不同的阶段：前者的革命任务是反帝反封建，建立新民主主义共和国，后者的革命任务是进行社会主义革命，建立社会主义社会；前者是后者的前提条件，后者是前者的发展归宿。第二，阐明了中国革命由新民主主义革命向社会主义革命转变的必然趋势：中国革命是世界无产阶级革命的一部分，必然受到世界革命发展总趋势的影响和制约；第一次世界大战和俄国十月革命胜利之后，中国新民主主义革命的基本性质虽然还是资产阶级民主主义革命，但它的领导阶级已由资产阶级变成了无产阶级，新民主主义革命的前途必然是向社会主义发展；中国革命的两个阶段必须相互衔接，中间不容许横插一个资产阶级的专政。第三，批判了"一次革命论"：国民党顽固派故意混淆两种革命的性质，用"一次革命论"取消社会主义革命，是为其一党专制和投降日寇做思想和舆论的准备，这些"'一次革命论'者，不要革命论也"[①]；中国共产党内的主观主义者，不知道中国革命有阶段之分，企图超越革命发展阶段而"毕其功于一役"，幻想把社会主义革命的任务合到民主主义革命的任务上去实现，其实也是不现实的，因为，"第一步的时间是相当地长，决不是一朝一夕所能成就的"[②]，这脱离了当前的实际条件。第四，批判了"二次革命论"：资产阶级顽固派和党内一些犯有右倾错误

---

① 《毛泽东选集》第二卷，人民出版社，1991，第685页。
② 同上，第684页。

思想的人，认为在资产阶级革命和社会主义革命之间存在一个资产阶级专政的社会，实质上否认了无产阶级对资产阶级民主革命的领导权，否认了新民主主义革命向社会主义革命转变的趋势和可能性，也否认了马克思列宁主义的不断革命的思想。

四、关于革命纲领

在革命纲领上，驳"一个主义"，论"三民主义与共产主义"。

近代以来，中国革命的主要任务就是反帝反封建。全面抗战时期，为了建立抗日民族统一战线、团结一切革命力量共同抗日，中国共产党举起了三民主义的大旗，在公布国共合作的宣言上说："孙中山先生的三民主义为中国今日之必需，本党愿为其彻底实现而奋斗。"[1]但长期以来，国民党以自己是孙中山亲手创立的政党和三民主义的坚定信奉者自居，在理论宣传上一直鼓吹"一个主义""一个政党""一个领袖"。国民党的御用文人叶青等人公开宣称：除国民党以外的其他党派在中国"没有独立存在的理由"；一些所谓的宣传家们更是叫嚣：共产党人应收起自己的旗帜，"中国有了三民主义就够了"；社会主义"不合于中国的历史道路"[2]；共产党信仰的共产主义不适应于民主革命阶段；三民主义与共产主义、国民党与共产党是完全对立的，等等。以此为借口，国民党还多次发动了"清党"行动，给抗日民族统一战线的建立和巩固带来了严重挑战。

针对国民党顽固派"一个主义"口号的咄咄逼人的攻势，毛泽东在《新民主主义论》中阐明了民主革命行动纲领与共产主义思想之间的辩证统一关系，比较了三民主义和共产主义的异同，驳斥了"一个

---

[1] 《毛泽东选集》第二卷，人民出版社，1991，第367页。
[2] 韩晓青：《〈新民主主义论〉导读》，中共中央党校出版社，2018，第12—13页。

第五章　延安时期主流意识形态话语权构建的主要成就

主义"的错误。第一，中国共产党人认可的乃是孙中山先生在国民党一大上重新解释的联俄、联共和扶助农工三大革命政策的新三民主义，国内政党的联合抗日也正是建立在这一根基之上的。资产阶级顽固派不懂得新旧三民主义之间的区别，他们炮制"一个主义"，企图以伪三民主义来篡改、代替马克思主义和共产主义，为资产阶级专政制造舆论。第二，新民主主义革命行动纲领与共产主义思想是辩证统一的，三民主义与共产主义既有相同的部分也有不同之处。虽然"共产党的最低纲领和三民主义的政治原则基本上相同"[1]，但是两者在关于民主革命的一些纲领、要不要经历社会主义革命，以及对革命的坚定性等问题上还是有区别的。"一个主义"论调忽视了这些差别，要么只看到统一看不见矛盾，要么只看见矛盾看不到统一，显然是非常错误的。第三，共产主义既是无产阶级的思想体系，也是一种新的社会制度。中国在新民主主义革命阶段和社会主义革命阶段，都需要共产主义思想体系的指导。因此，在实践中，为了指导现阶段的民主革命、引导中国革命发展到将来的社会主义阶段上去，我们"应该扩大共产主义思想的宣传"，加强马列主义学习，同时，"既应把对于共产主义的思想体系和社会制度的宣传，同对于新民主主义的行动纲领的实践区别开来；又应把作为观察问题、研究学问、处理工作、训练干部的共产主义的理论和方法，同作为整个国民文化的新民主主义的方针区别开来。"[2]倘若对二者不加区分地相提而论，毫无疑问是很不恰当的。

毛泽东在同错误思潮的论争中，阐明了中国共产党关于中国革命的策略、前途、任务、纲领等的正确思想，掌握了中国革命的话语领导权，这是延安时期主流意识形态话语权构建的主要成就之一。

---

[1]《毛泽东选集》第二卷，人民出版社，1991，第686页。

[2] 同上，第706页。

第二节　构建新民主主义革命话语体系

20世纪30年代末40年代初,在与国民党汪精卫、蒋介石集团关于三民主义的激烈论争中,以毛泽东为代表的中国共产党人以"新民主主义"为主题提出了一系列新概念新思想,科学阐述了中国革命的性质、对象、任务、前途和步骤等重大问题,初步构建起新民主主义革命话语体系,完成了对三民主义的话语超越,实现了马克思主义向中国化马克思主义的话语转化,逐步掌握了中国革命的话语权。

一、新民主主义革命话语体系的借鉴资源

新民主主义革命话语体系是中国共产党人汲取马克思主义、三民主义、中国传统文化等方面的理论营养和话语素材而构建起来的关于中国革命问题的话语表达。

首先,对马克思主义基本原理的创造性运用。马克思、恩格斯、列宁关于无产阶级领导权理论、不断革命论以及革命发展阶段论等构成新民主主义革命话语体系的思想资源,也在中国革命实践中得到了进一步丰富和发展。马克思和恩格斯认为,无产阶级革命是分阶段且不间断地不断向前发展的,无产阶级要推动本国资产阶级革命继续向社会主义革命转变。这种不断革命论和革命发展阶段论的基本思想,后来被列宁所继承,列宁在领导俄国十月革命中,进一步完善了马克思主义革命发展阶段理论。延安时期,毛泽东等中国共产党人立足中国革命实际构建起来的新民主主义革命话语体系,明确提出中国革命需要分"两步走",中国无产阶级在新民主主义革命中不仅要担负起领导民主革命的任务,而且要继续革命建立"无产阶级领导下的一切反

第五章 延安时期主流意识形态话语权构建的主要成就

帝反封建的人们联合专政的民主共和国"①。毛泽东的上述思想正是对马克思、恩格斯、列宁的革命发展阶段理论的创造性运用。

其次，对三民主义合理内核的吸收、借鉴。三民主义由孙中山先生首次提出，用来指导资产阶级开展中国革命，曾经作为实现国共第一次合作和建立抗日民族统一战线的政治基础发挥了积极的作用。但是在抗战进入战略相持阶段之后，国民党汪、蒋集团为了争夺国民党的正统地位、消弭共产党人在统一战线中的影响，对孙中山先生的三民主义进行了篡改，企图以此来反对共产党，故而引发了国共两党对究竟什么才是真正的三民主义的话语争辩。针对国民党对三民主义的诘难，毛泽东等中共领导人和理论工作者于1939年底开始出版发表了一系列理论文章[②]进行了批驳，在区分真假、新旧三民主义的基础之上，逐步建构起新民主主义的革命话语体系，实现对三民主义的解构、重构，指出中国共产党人坚持的三民主义是孙中山在国民党一大上重新阐释的"新三民主义"，即"联俄、联共、扶助农工三大政策的三民主义"[③]，其他的都是伪三民主义、半三民主义、假三民主义。由此可见，新民主主义革命话语体系是毛泽东等中国共产党人对孙中山三民主义理论精髓和话语逻辑的继承和超越，是他们运用马克思主义理论解析中国革命问题而展开的理论创新和话语变革，成为指导中国革命的重要思想武器。

再次，对中华优秀传统文化的创造性转化、创新性发展。在构建

[①]《毛泽东选集》第二卷，人民出版社，1991，第675页。

[②] 如张闻天的《拥护真三民主义反对假三民主义》、周恩来的《三民主义与共产主义（提纲）》、王稼祥的《关于三民主义与共产主义》、陈伯达的《论共产主义者对三民主义关系的几个问题》、吴亮平的《叶青的三民主义就是取消三民主义》、艾思奇的《关于三民主义的认识》等。

[③] 同①，第690页。

中国革命话语体系时，为了让中国广大民众易于接受党的革命宣传，毛泽东等人传承中华优秀文化基因，将包括马克思主义在内的西方理论话语成功转化为具有中国民族风格、能被普通群众接受的革命话语、大众话语。比如毛泽东在《〈共产党人〉发刊词》《中国革命和中国共产党》《新民主主义论》等著作中，既引经据典，又融入成语、俗语、俚语等传统文化元素，以中国人自己的话语风格将马克思主义中国化、大众化。毛泽东独特的语言风格和话语表达，受到了其他人的高度赞扬："一直到现在，毛泽东仍然是第一个能用最浅显的语言说明最深邃的道理与最高深的原则的人。……在同一礼堂里，工人、农民、兵士、老太婆听了他的讲话不以为深；大学教授、文人、学士听了不以为浅。"[①]显然，通过对中华优秀传统文化的创造性转化和创新性发展，延安时期中国共产党的革命政策和革命话语更容易被广大的人民群众所接受，实现了马克思主义基本原理同中国革命实际、同中华优秀传统文化相结合，大大地推进了新民主主义革命话语的传播和认同。

总而言之，新民主主义革命话语体系是中国共产党人立足中国革命实际对马克思主义基本原理、三民主义合理内核、中华优秀传统文化的吸收、借鉴和运用，实现了马克思主义向中国化马克思主义的话语转化，为中国民主革命取得胜利奠定了坚实的话语基础。

二、新民主主义革命话语体系的主体框架

毛泽东在《〈共产党人〉发刊词》《中国革命和中国共产党》《新民主主义论》等文章中提出了一系列关于中国革命问题的新概念、新范畴，初步构建起新民主主义革命话语体系的主体框架。

---

① 萧三：《毛泽东同志的初期革命活动》，《解放日报》1944年7月1日。

第五章　延安时期主流意识形态话语权构建的主要成就

首先，用"新民主主义革命"这一核心概念阐明了中国革命的性质、目标、任务和动力等内容。毛泽东自1939年12月在《中国革命和中国共产党》一文首次提出这一概念之后，又于1940年1月的《新民主主义论》中对"新民主主义革命"进行了集中阐述。毛泽东指出，帝国主义对中国的入侵使得中国社会逐渐沦落为半殖民地半封建社会，帝国主义和中华民族的矛盾上升为主要矛盾，这就决定着"现阶段中国革命的性质，不是无产阶级社会主义的，而是资产阶级民主主义的。"[1]革命的对象已经很明确，就是帝国主义及其在国内的帮凶中国地主阶级[2]，革命的任务就是彻底地反帝反封建，至于革命的动力，其实也已经找到，那就是包括工人、农民、部分手工业者和资产阶级，当然，在这里面无产阶级是最革命的主干[3]和主要的领导力量。而且，在无产阶级社会主义世界革命这一新的时代背景下，中国的民主主义革命已经"不是一般的民主主义，而是中国式的、特殊的、新式的民主主义，而是新民主主义"。[4]

其次，用"两重任务""两步走"等基础性概念阐述了中国革命所要经历的阶段和未来发展趋势。毛泽东在广泛调研的前提下通过对中国的阶级关系、革命现状的精准剖析，得出中国革命任务的双重性，即"中国革命是包括资产阶级民主主义性质的革命（新民主主义的革命）和无产阶级社会主义性质的革命、现阶段的革命和将来阶段的革命这样两重任务的"，而且这两重任务都需要无产阶级政党来领导，"离开了中国共产党的领导，任何革命都不能成功。"[5]"两重任务"决

---

[1]《毛泽东选集》第二卷，人民出版社，1991，第647页。
[2] 同上，第633页。
[3] 同上，第645页。
[4] 同上，第666页。
[5] 同上，第651页。

定着中国革命必须分"两步走":"第一步,改变这个殖民地、半殖民地、半封建的社会形态,使之变成一个独立的民主主义的社会。第二步,使革命向前发展,建立一个社会主义的社会。"①很显然,中国革命的发展前途"不是资本主义的,而是社会主义和共产主义的"②。

再次,用"新民主主义共和国"概念内涵对新民主主义的政治、经济、文化进行系统分析。在政治上,作为一定历史时期采取的过渡的国家形式,新民主主义共和国的国体是"各革命阶级联合专政",并非无产阶级专政或是资产阶级专政,新民主主义共和国的政体即政权组织形式是"民主集中制"。③在经济上,新民主主义共和国实行的是"节制资本"和"平均地权",反对资本对国计民生领域的操纵和影响④。在文化上,建立的是民族的、科学的、大众的新民主主义文化⑤,是为新民主主义的政治和经济服务的。总之,由新民主主义的政治、经济、文化所构成的"新民主主义共和国"概念,是毛泽东对马克思主义社会形态论述的话语创新,它为中国革命指明了正确的方向和目标。

三、新民主主义革命话语体系的重要意义

首先,新民主主义革命话语体系是中国化马克思主义革命理论的话语表达,是对马克思主义革命学说的继承和发展。幼年时期的中国共产党由于理论上的不成熟和实践斗争经验不足,不善于灵活运用马

---

① 《毛泽东选集》第二卷,人民出版社,1991,第666页。
② 同上,第650页。
③ 同上,第677页。
④ 同上,第678—679页。
⑤ 同上,第698页。

第五章 延安时期主流意识形态话语权构建的主要成就

克思主义原理，容易受共产国际影响难以实现独立自主，一度出现了教条对待马克思主义理论和苏联经验的错误倾向，最终导致前期的革命受挫折。基于此，毛泽东等中国共产党人清醒认识到灵活地运用马克思主义理论、独立自主开展中国革命的紧迫性和重要性。自1938年10月毛泽东在《论新阶段》中首次提出"马克思主义中国化"命题以来，毛泽东等中国共产党人开始注重马克思主义的中国化发展，并且在革命实践中把马克思主义理论话语进行符合中国民族特色的创新创造。1940年前后，毛泽东连续创作了几篇著作，以《新民主主义论》标志，表明中国共产党人的新民主主义革命话语体系趋向成熟。

其次，新民主主义革命话语体系使中国共产党逐渐掌握了革命的话语权。新民主主义革命话语与国民党三民主义等革命话语不同，但同时也是中国共产党人与国民党以及中间党派人士话语论争的产物。国共的政治合作奠定在三民主义之上。全面抗战初期，中国共产党以三民主义为号召开展了抗战宣传。例如，为了促成第二次国共合作的实现，中国共产党公开宣称："孙中山先生的三民主义为中国今日之必需，本党愿为其彻底实现而奋斗"[1]。但抗战进入相持阶段之后，国民党顽固派一方面持续在军事上与中共制造摩擦，另一方面在思想文化领域也用各种方法曲解和修正三民主义，加大了反共宣传，与中国共产党争夺革命话语权。为了应对国民党顽固派的"反共浪潮"，发出自己的声音，争取和教育广大民众，毛泽东于1939年底至1940年初完成了《新民主主义论》等文章的写作，为中国共产党构建新民主主义革命话语体系奠定了坚实的理论基础。毛泽东指出，中国共产党人坚持的三民主义是孙中山在国民党一大上重新阐释的"新三民主义"，即"联俄、联共、扶助农工三大政策的三民主义"，其他的都是伪三民

---

[1]《毛泽东选集》第二卷，人民出版社，1991，第367页。

义、半三民主义或者假三民主义。[①]基于话语权建设的视角来分析，中共提出"新三民主义"的概念，本身就是对国民党垄断孙中山三民主义话语的一次重大突破，创建出了不同于国民党三民主义的新民主主义革命话语体系，从此中国共产党开始在新民主主义的旗号下阐述自己的革命主张，并且逐渐确立起了对中国革命的解释权和话语权。

再次，新民主主义革命话语体系对新时代中国哲学社会科学话语体系构建产生了重要影响。新民主主义革命话语体系是中国化马克思主义的话语阐述，它是在承继马克思主义理论观点的基础上，又根据中国实际情况，对马克思主义进行的进一步丰富，同时吸收了中国传统文化元素和具有中国特色的话语素材，因此在语言形式上又是民族的、大众的表达方式，实现了政治话语、学术话语和大众话语的有机统一。这种话语构建方式，对于当代中国的哲学社会科学话语体系的构建具有重要的启示意义。2016年5月17日，习近平总书记在哲学社会科学座谈会上明确提出，"发挥我国哲学社会科学作用，要注意加强话语体系建设"[②]，并且强调，构建中国特色哲学社会科学，要处理好继承性和民族性、原创性和时代性以及系统性和专业性之间的关系。因此，延安时期以毛泽东为代表的中国共产党人对新民主主义革命话语体系的构建，必将对新时代加强马克思主义话语权建设以及我国哲学社会科学话语体系建设产生持续性的影响。

[①] 《毛泽东选集》第二卷，人民出版社，1991，第690页。
[②] 《习近平谈治国理政》第二卷，外文出版社，2017，第346页。

第五章　延安时期主流意识形态话语权构建的主要成就

第三节　构建中国式民主的话语体系

民主话语是意识形态话语体系的重要组成部分，也是构建马克思主义话语权的重要内容之一。延安时期，以毛泽东为代表的中国共产党人在借鉴吸收人类先进文化成果基础上构建的包括"人民民主专政"在内的中国式民主话语体系，是既不同于西方式民主话语，也异于苏联苏维埃式民主话语的崭新话语表达，为中国共产党领导新民主主义革命取得胜利提供了合法性论证，同时也夯实了中国现代民主话语的基色。

一、民主是中国革命的重要内容

19世纪中期之后，随着外国资本和帝国主义的持续入侵，近代中国陷入生死存亡的境地。在此背景下，争取民族独立和人民解放就成了中国革命的首要任务。为此，中国社会的各阶级都进行了拯救民族危亡的斗争。在太平天国运动、洋务运动、戊戌变法、义和团运动接连失败之后，中国民主革命的伟大先行者孙中山以"三民主义"为民主革命的口号激发了中国人民的革命斗志，通过辛亥革命推翻了腐朽的清政府的封建统治，结束了中国的封建制度，但革命最终果实却被反动人物窃取。孙中山领导的辛亥革命尽管没能最终成功，但它却激励着中国人民继续寻找正确的民族解放道路。直到俄国十月革命取得成功，中国人民终于看到了曙光，也寻找到了能够指引中国革命事业发展的马列主义思想武器。

带领中国人民进行民族解放战争和民主革命，是中国共产党自成立以来的首要任务，也是召开会议的主题。党的一大把实现共产主义确立为党的奋斗目标。党的二大明确了中国的民主革命纲领，即反帝反封建，指出党的最高纲领虽然是实现社会主义、共产主义，但在现阶段的基本任务和革命纲领应该是：打倒军阀，推翻国际帝国主义的压迫，统一中国为真正的民主共和国。即是说，中国共产党明确了中国革命的任务是"对外推翻帝国主义压迫的民族革命和对内推翻封建地主压迫的民主革命"①。基于此，以毛泽东为代表的中国共产党人开始了领导中国的民主革命实践和中国式的民主话语体系的构建。

显然，中国共产党人对民主话语的构建，是在与反帝反封建这一中国革命的具体实践相结合中开启的。尽管党的二大明确主张建立"真正的民主共和国"，但党内对于要建立的国家的国体和政体的看法并不统一，随后发生过多次讨论，并逐渐得以深化。最初，中国共产党以为只要把过去的"军阀政治"转变为"民主政治"就行了，寄希望于中国资产阶级领导中国革命胜利后实现国共两党的联合执政。陈独秀强调，在当时的情况下，由资产阶级领导中国革命成功的几率最大，因为这一阶级发展比较完善，力量相较其他阶级也最大。②实际上，陈独秀谈到的是等同于英美国家体制的资产阶级专政的国家。这显示出年轻的中国共产党在理论上不成熟和不完备，实践中第一次国共合作在孙中山逝世以后的国民党反动行径中终止了，轰轰烈烈的大革命以失败告终。早期，党内还存在着不同于资产阶级革命道路的另一种方案，即采用国内各个阶级联合起来革命的方式。如毛泽东在1925年《答少年中国学会改组委员会问》中，就主张用"无产阶级、小资产阶级及中产阶级左翼的联合统治"③的形式来开展国民革命。后

---

① 《毛泽东选集》第二卷，人民出版社，1991，第637页。
② 《陈独秀文章选编》中册，生活·读书·新知三联书店，1984，第188页。
③ 《毛泽东文集》第一卷，人民出版社，1993，第19页。

第五章 延安时期主流意识形态话语权构建的主要成就

来经过实地调研，毛泽东在《中国社会各阶级的分析》和《湖南农民运动考察报告》两篇文章中明确提出，工业无产阶级是革命的领导力量，民族资产阶级具有两面性，半无产阶级的农民、小资产阶级是中国革命的主要依靠力量。瞿秋白对毛泽东重视农民运动表达了高度赞赏，称毛泽东和海丰农民运动领袖澎湃为"农民运动的王"，并号召所有的革命者都应该认真读一读毛泽东关于农民革命的文章。后来的事实也证明了毛泽东等人坚持走社会主义民主革命道路的正确性。

由此可见，民主不仅是中国革命的重要内容，也是中国共产党构建马克思主义话语体系和话语权的重要因素。革命时期的中国共产党正是从中国的社会性质和革命任务出发来构建中国民主话语体系的。由于当时中国社会各阶级力量的不平衡性，中国共产党逐渐意识到唯有团结一切可以团结的力量才能完成革命任务。沿着这一思路，中国共产党在八七会议确定了土地革命和武装反抗国民党反动派的总方针。井冈山时期，毛泽东基于对中国革命的思考，写出了《中国的红色政权为什么能够存在?》《井冈山的斗争》《星星之火，可以燎原》等著作，提出并阐明了"工农武装割据"的思想，同时批评了林彪以及党内一些同志不从中国实际出发、对革命形势估计不足、没有在游击区域建立红色政权的观念等错误，指出"他们这种全国范围的，包括一切地方的、先争取群众后建立政权的理论，是于中国革命的实情不适合的"[1]。此后，这一思想逐渐发展成熟，从井冈山到瑞金城，从长征路上到宝塔山下，中国式民主话语体系也在中国共产党探索民主革命道路的过程中不断得到完善和丰富。

---

[1]《毛泽东选集》第一卷，人民出版社，1991，第97—98页。

二、延安时期的民主实践与探索

早期的革命实践使中国共产党人深刻领悟了民主对革命的重要意义。1940年6月10日，张闻天在中共中央书记处会议上发言指出："没有民主是不能团结进步的"，并且要求"对外发表宣言，也以民主问题为中心"①。中国共产党自成立以来就自觉扛起民主革命的旗帜，很早就提出了要建立"真正的民主共和国"的目标。全面抗战爆发后，中日矛盾上升为主要矛盾，为建立抗日民族统一战线，工农苏维埃共和国改名为人民苏维埃共和国以兑换全国所需要的和平民主与抗战，中国共产党确立了建立中华民主共和国的目标，即毛泽东在《新民主主义论》中阐述的"新民主主义共和国"设想。显然，这是既不同于西方资产阶级民主也不同于苏联社会主义民主的中国式民主方案，是几个革命阶级联合起来对于反革命实施专政的新民主，被学者称为"延安道路"或"延安民主模式"。有人指出，当时的中国存在着两个中心：东方式法西斯的中心南京和民主的中心延安。延安时期为什么有那么多的进步人士如潮水般奔向边区，就是因为边区政府开展了广泛而富有成效的民主实践，连到访的外国记者都坚定地指出："延安是中国进步的象征，是中国光明的指针。"②延安时期的民主实践涉及政治、经济、文化等方方面面，为中国共产党构建中国式民主话语体系奠定了坚实的社会基础和物质条件。

政治上建立抗日民主政权，树立良好民主形象和民主作风，为中国式民主话语体系构建奠定了合法性权威。第一，因地制宜探索各种民主形式。1940年1月，毛泽东在《新民主主义论》中提出了"新民

---

① 《延安民主模式研究资料选编》，西北大学出版社，2004，第3页。
② 同上，第228页。

第五章　延安时期主流意识形态话语权构建的主要成就

主主义共和国"的设计方案。根据该方案，中国革命成功后将建立由各个阶级共同执政的国家，政权组织形式则实行民主集中制，"采取全国人民代表大会、省人民代表大会、县人民代表大会、区人民代表大会直到乡人民代表大会的系统，并由各级代表大会选举政府"。[1]关键的是，延安时期的中国共产党还在陕甘宁边区和其他革命根据地实际开展了这种真正意义上的民主选举制度，开创了独特的民主制度模式。从1937年至1946年，陕甘宁边区和其他抗日根据地先后组织了三次较大规模的民主选举运动，探索了世界上绝无仅有的投豆法、画圈法、点洞法等投票方法，充分调动人民群众参与政治的积极性。该时期，中国共产党结合抗日根据地边区的实际，还在陕甘宁边区实行"三三制"选举，建立了"三三制"的抗日民主政权，即"在人员分配上，应规定为共产党员占三分之一，非党的左派进步分子占三分之一，不左不右的中间派占三分之一"[2]。实际上，作为后来协商民主的萌芽，"三三制"民主形式汇聚了共产党员和社会各阶级、党外人士等其他进步势力的智慧，保障了边区"三三制"政权得以顺利开展，同时也为新中国成立后进一步的民主话语建设埋下了伏笔。第二，重视农村基层民主建设。延安时期党内有一种共识，即认为民主政治的基石和支柱在于广泛的乡村下层，否则上层建筑不能够充实和巩固。谢觉哉指出："乡村市基础不好，上面纵有好设施，沿途打折扣，到直接执行的乡村市，就没有了或走了样了，……所以直接民主的单位，应该是乡村与市。"[3]实践中，陕甘宁边区的村长和行政村主任都是由村民直接选举产生。延安时期的乡市民主（即我们现在所说的"乡镇民主"）

---

[1]《毛泽东选集》第二卷，人民出版社，1991，第675—677页。
[2] 同上，第742页。
[3]《延安民主模式研究资料选编》，西北大学出版社，2004，第42页。

其实是现今我国普遍实行的"村民自治"的雏形,有力促进了农村基层民主建设。第三,用法治保障民众的民主权利。法治是保障民众权利、加强民主建设的重要途径。延安时期,中国共产党一方面积极倡导民主作风,坚持群众路线;另一方面重视立法,实行民主司法,注重从法治维度保障人民群众的政治权利。如1939年通过的《陕甘宁边区抗战时期施政纲领》规定了"三三制"的民主政权建设;1942年2月陕甘宁边区政府颁布的《保障人权财权条例》明确规定:"边区一切抗日人民不分民族、阶级、党派、性别、职业与宗教,都有发言、出版、集会、结社、居住、迁徙及思想信仰之自由,并享有平等之民主权利"[①]。而且,还直接颁布了保障民众权利的专门性条例和法规,如《陕甘宁边区惩治汉奸条例》《婚姻条例》《抗属婚姻处理办法》《陕甘宁边区税收条例》等。解放战争时期还颁布了《陕甘宁边区宪章》《中国土地法大纲》《陕甘宁边区政府暂行组织规程》等一系列法令,形成了比较完善的新民主主义的法治建设体系。司法方面,边区政府努力实现公正司法和民主司法,规定司法机关尽量做到对案件的公开审理,实行合议制和人民陪审员制,反对刑讯逼供,对犯人实施劳动改造制度,实行鼓励犯人改过自新的制度等,在司法程序上保障了民众的基本权利。总之,延安时期中国共产党倡导的民主作风(群众路线)和民主实践,树立了中共良好的民主形象,为中国式民主话语体系构建奠定了合法性权威。

经济上大力改善民生,与广大民众结成利益共同体,为中国式民主话语体系构建奠定了坚实的群众基础。民生保障是促进民众话语认同的关键要素。毛泽东在《经济问题与财政问题》一文中鲜明指出:

---

① 《延安民主模式研究资料选编》,西北大学出版社,2004,第245页。

第五章　延安时期主流意识形态话语权构建的主要成就

"一切空话都是无用的，必须给人民以看得见的物质福利。"①延安时期，中国共产党通过开展土地改革、发展经济生产、加强党的自身建设等方式改善了群众的生活状况，赢得了人民群众的拥护和支持。第一，边区政府调整土地政策，开展减租减息运动。为了更好地改善民生，延安时期中国共产党根据国内矛盾关系的改变，及时将苏区时期过"左"的土地政策进行了调整，实行地主减租减息、农民交租交息的经济政策，一方面减轻了农民负担，发展了农业生产，改善了农民生活，另一方面也在一定程度上缓和了农民和地主阶级的利益冲突，有利于抗日民族统一战线的建立和巩固。第二，开展军民大生产运动。抗日战争进入相持阶段之后，由于日寇加强对抗日根据地的"扫荡"，国民党顽固派不断制造反共"摩擦"，并对陕甘宁边区进行经济封锁，再加上陕北地区又遇上了严重的干旱等自然灾害的侵袭，陕甘宁边区遭遇到了严重的财政经济困难。1939年1月，毛泽东在陕甘宁边区第一届参议会上号召部队、机关、学校开展必要的生产，以改善军民的穿衣吃饭问题。随即，陕甘宁边区成立了生产委员会，中共中央颁布了《开展根据地的减租、生产和拥政爱民运动》的指示，要求各根据地"自己动手，丰衣足食"。就这样，一场轰轰烈烈的军民大生产运动拉开了帷幕。军队首先响应号召，1941年春，担负陕甘宁边区保卫任务的一二〇师三五九旅，在旅长王震的率领下开赴南泥湾开始"军垦屯田"，利用不到四年的时间，硬是把杂草丛生、荒无人烟的南泥湾开垦成了"陕北好江南"，创造了"自力更生、艰苦奋斗、官兵一致、同甘共苦"的南泥湾精神，树立了大生产运动的一面旗帜。共产党的领袖也全都参加了生产竞赛，毛泽东在杨家岭窑洞对面的山沟里开垦了一块长方形的地种植蔬菜，周恩来、任弼时曾被评为"纺线能手"。军

---

① 《毛泽东文集》第二卷，人民出版社，1993，第467页。

队、领袖以及其他党政机关的大生产运动，也大大提高了农民的生产热情，涌现出吴满有等众多的劳动英雄。1943年底，毛泽东在陕甘宁边区劳动英雄大会上发表《组织起来》的讲话，进一步肯定组织群众开展大生产运动是取得抗战胜利的必由之路。总之，中国共产党领导开展的大生产运动破解了根据地军民的生存难题，为中国革命奠定了坚实的物质根基，同时也密切了军民关系，进一步赢得了民心。第三，实施"精兵简政"。延安时期，随着越来越多的爱国青年、有志人士纷纷奔赴延安，陕甘宁边区各级各类机关、学校、军队的脱产人员数量不断扩大，给边区政府的财政造成了严重的负担。在此背景下，为了主动减少财政人员数量，进一步提高工作效率，中国共产党在延安时期接受了李鼎铭等党外人士的建议，从1941年至1944年连续三次开展了精兵简政，实现了精简、统一、效能、节约和反对官僚主义的五项目标，这一举措为赢得革命的最终胜利发挥了重要作用。此外，解放战争时期，中国共产党颁布了《中国土地法大纲》，在农村再一次进行了土地制度改革，满足了解放区的农民对土地的渴望，同时要求各解放区的城市想办法尽快恢复生产，大力发展工业生产，改善解放区人民的生活。总之，延安时期中国共产党通过改善民生的各项切实行动，同广大人民群众紧密联系在一起，这些做法切实满足了广大民众的民生利益需求，赢得了人民的拥护和支持，为中国式民主话语体系构建夯实了深厚的群众根基。

　　文化上推进新文化运动，开展广泛的民主宣传、教育，使中国式民主话语的内涵和思想逐渐在国内得到传播和认同。1940年1月，毛泽东在陕甘宁边区文化协会第一次代表大会上指出："所谓新民主主义的文化，就是人民大众反帝反封建的文化"[①]。张闻天在会上也指

---

①《毛泽东选集》第二卷，人民出版社，1991，第698页。

第五章　延安时期主流意识形态话语权构建的主要成就

出，中华民族的新文化必须是为抗战建国服务的文化，同时它必须是民族的、民主的、科学的、大众的。所谓"民主的"，"即反封建、反专制、反独裁、反压迫人民自由的思想习惯与制度，主张民主自由、民主政治、民主生活与民主作风的文化。"①他们的讲话为新民主主义文化建设指明了方向。而针对根据地人口落后的文化现状，延安时期中国共产党在领导开展民主选举的同时，必须同时做好民主动员、宣传和教育。第一，开展民主政治教育。谢觉哉指出："至于群众，实际上没有不要民主的，因为民主于他有益。但要他懂得争取民主，懂得'不自由，毋宁死'，懂得怎样去进行民主，那只有在他们行动中、经验中，才能做到。"②为此，每次选举到来时，根据地各级政府会首先进行选举前的教育，专门培训负责选举的各类工作人员，再将他们分派到各乡区基层开展选举动员和宣传，通过报纸、画报、喜剧等喜闻乐见的形式动员群众参加选举，告知民众选举的意义及注意事项。第二，重视发展民众团体。良好的群众组织和团体是开展民主的有效基础。延安时期边区政府依据人民生活、利害的不同积极组建工会、农会、商会、妇委会、儿童团、青救会等民众团体组织，群众自愿参与。同时，为了把群众的意见随时反映到实际政治中来，边区政府要求这些民众团体应该自觉地发扬充分的民主作风，认真听取群众的真实想法，以便更好开展工作。通过发挥民众团体的作用，不但克服了部分民众参政能力不足的缺陷，提升了民众参与民主的能力，而且提高了社会整合度，保障了根据地的社会稳定。第三，实现廉洁政治。党领导的政权是实施进步民主的基础，官民一体的廉洁政治是实行民主的保证。延安时期中国共产党高度重视廉洁政治建设，对"以党代政"、

---

① 《延安民主模式研究资料选编》，西北大学出版社，2004，第7页。
② 同上，第62页。

官僚主义等作风和做法时刻保持警惕，以防止对党的民主形象带来不良影响。针对实践中存在着党政关系处理不好的现象，毛泽东强调，共产党不能包办一切，更不能"代之以共产党的一党专政"。[①]为了防止官僚主义破坏党群关系，1943年6月中共中央颁布了由毛泽东拟稿的《关于领导方法的决定》，再一次强调共产党人必须实行领导与群众紧密结合的方针，杜绝官僚主义的作风。由于边区政府是老百姓自己的机关，因此官民是一体的。谢觉哉指出："边区的工作人员，上至边区政府主席，下至乡政府乡长，都实行最低的津贴制度（每月一元五角至五元）。边区政府严禁任何贪污，贪污五百元以上的处死刑。"[②]这种廉洁作风进一步夯实了中国共产党的民主形象，边区也成了全国民主的模范区。

三、人民民主专政话语体系构建

新中国成立前夕，为了适应革命形势的发展需要，回应国内外各阶层对"无产阶级专政"的质疑，以毛泽东为代表的中国共产党人对无产阶级专政话语体系进行了重构，创造出一套具有中国特色的无产阶级专政话语体系——人民民主专政话语体系，在关于国家性质问题的争论中掌握了话语主导权，体现了中国共产党人高度的理论自觉和话语自信。

首先，人民民主专政话语体系是对马克思列宁主义的无产阶级专政学说的丰富和发展。马克思和恩格斯在《1840年至1850年的法兰西阶级斗争》《法兰西内战》《哥达纲领批判》等著作中系统阐述了无产阶级专政学说，其主要观点有：无产阶级专政是阶级斗争和人类历史

---

① 《毛泽东选集》第二卷，人民出版社，1991，第766页。
② 《延安民主模式研究资料选编》，西北大学出版社，2004，第52页。

第五章 延安时期主流意识形态话语权构建的主要成就

发展的必然趋势；无产阶级专政的最好形式是"巴黎公社"式的政权组织形式；无产阶级专政是进入共产主义之前的过渡阶段。后来，列宁结合俄国革命的实践经验，发展了马克思和恩格斯的无产阶级专政理论，进一步强调了无产阶级专政的重要性，阐明了无产阶级政党对无产阶级专政的领导，在无产阶级专政的形式上没有照搬"巴黎公社"模式而采取的是"苏维埃"形式，从而构建起了一套传统的无产阶级专政话语体系。新中国成立前夕，毛泽东进一步丰富发展了马克思主义"无产阶级专政"学说，提出并形成了具有中国特色的人民民主专政话语体系。1949年6月，毛泽东在中央政治局会议上明确指出："我们政权的阶级性是这样：无产阶级领导的，以工农联盟为基础，但不仅仅是工农，还有资产阶级民主分子参加的人民民主专政"，并且强调："我们是人民民主专政，各级政府都要加上人民二字，各种政权机关都要加上人民二字，如法院叫人民法院，军队叫人民解放军，以示与蒋介石政权的不同"。[1]显然，在"专政"前面加上"人民"这一概念，拓展了无产阶级专政的主体范围，最主要的特点是把原本属于专政对象的资产阶级群体之一的民族资产阶级纳入"人民"序列之中，而且对农民也进行了阶级划分，将其归为无产阶级的可靠同盟军。这些都是对无产阶级专政学说基于中国实际的进一步发展。

其次，人民民主专政话语体系是对新民主主义革命时期中国共产党人探索无产阶级专政形式的经验总结和话语阐述。以马克思列宁主义为指导思想的中国共产党，自成立以来就把无产阶级专政作为共产党人的奋斗目标。因此，在整个新民主主义革命时期的各个历史阶段，毛泽东等中国共产党人都在努力探索实现无产阶级专政的方式，并且依据国内阶级关系的变化不断地调整着民主话语策略。如土地革命战

---

[1]《共和国走过的路》，中央文献出版社，1991，第13—14页。

争时期，中国共产党提出"工农民主专政"的构想，领导建立苏维埃政权；抗战初期，为了联合民主党派等中间势力共同抗日，中国共产党提出了新民主主义宪政思想，主张建立临时联合政府；抗战时期，中国共产党结合抗日根据地边区实际领导建立了"三三制"的民主政权；抗战结束后，特别是国民党悍然发动内战使国内民众和平建国的愿望破灭之后，中国共产党人不得不重新思考中国民主话语的构建问题。1949年6月，毛泽东在总结中国革命经验教训的基础上发表了《论人民民主专政》，系统阐述了人民民主专政理论，指出：人民民主专政的实质是无产阶级专政，主要内容是对敌人实行专政，对人民实行民主，而"人民"在中国现阶段的就是"工人阶级，农民阶级，城市小资产阶级和民族资产阶级"[①]。至此，人民民主专政的话语体系正式形成。

再次，人民民主专政话语体系有利于中国共产党掌握马克思主义话语领导权。抗战结束后，摆在中国人民面前的有三条道路，一条是国民党推行的大地主、大资产阶级专政道路，另一条是中国共产党倡导的人民民主专政的道路，还有一条就是中间党派幻想的西方式的资产阶级专政道路。究竟该如何选择呢？马克思主义经典作家认为，从资本主义到共产主义的过渡时期必须实行无产阶级专政。"专政"这一词汇，往往使人们将之与"专制""独裁"联系起来。当时中国各阶层对无产阶级专政发出了"独裁"或"极权主义"[②]的质疑之声。看来，如何在关于国家性质问题的话语论争中把握主动权，显然是摆在中国共产党人面前的重要任务。新中国建立之前，毛泽东的《论人民民主专政》正是因此而作。毛泽东在这篇文章中，集中论述了为什么中国

[①]《毛泽东选集》第四卷，人民出版社，1991，第1475页。
[②] 同上，第1478页。

要走人民民主专政的道路，使得广大人民群众对新中国的建立方案更加明朗和坚定。这样，中国共产党在这场关于国家性质的论争中逐渐掌握了话语主导权。当然，"'思想'一旦离开'利益'，就一定会使自己出丑。"①因此，人民民主专政话语体系也只有在切实满足人民群众根本利益的前提下才能被真正地接受和认可。毛泽东指出："总结我们的经验，集中到一点，就是工人阶级（经过共产党）领导的以工农联盟为基础的人民民主专政。这个专政必须和国际革命力量团结一致。这就是我们的公式，这就是我们的主要经验，这就是我们的主要纲领。"②事实证明，实行人民民主专政，采取民主集中制满足了广大人民群众的利益需求，团结了一切进步力量消灭和镇压阶级敌人，获得了人民群众的拥护。淮海战役中数百万民工奋不顾身支援前线的壮举，充分证明人民民主专政理论话语转化成了群众的"物质力量"，中国共产党以"全心全意为人民服务"的理念和行动赢得了民众认可，真正掌握了主流意识形态话语权。

---

① 《马克思恩格斯文集》第一卷，人民出版社，2009，第286页。
② 《毛泽东选集》第四卷，人民出版社，1991，第1480页。

第六章
延安时期主流意识形态话语权构建的经验启示

延安时期，中国共产党在革命与战争的时代背景下，面临错综复杂的话语境况，灵活运用马克思主义的立场观点方法，通过及时有效的话语论争，最终确立了主流意识形态话语权，积累了非常宝贵的历史经验。总结这些经验，对于新的历史条件下加强马克思主义话语权建设具有重要的启示意义。

第一节 延安时期主流意识形态话语权构建的基本经验

总体来看，延安时期主流意识形态话语权构建是在中国共产党领导下，把马克思主义中国化、时代化、大众化，结合中国文化特性进行话语表达方式的创新创造，形成具有中国特色的话语体系，掌握报刊等舆论阵地的基础上完成的。

一、根本保障：坚持党的领导

诚然，马克思主义话语权构建是一系列复杂因素相互作用的结果。在这些相互交错的因素中，中国共产党的领导无疑是最重要的先决因素或先决条件，是马克思主义话语权构建的前提和保障。纵观延安13年，无论在思想界、学界还是在文艺界等不同领域，主流意识形态话语权的取得，都离不开中国共产党的正确领导。实践证明，只有坚持中国共产党的领导，并不断加强和改善党的领导，马克思主义话语权构建才能朝着正确的方向前进。

首先，中国共产党形成了稳定成熟的第一代领导集体。1935年10月，红军完成长征任务胜利落脚陕北，开启了中国革命的新局面。为了领导中国人民反对日本帝国主义的侵略，1935年12月"瓦窑堡会议"通过了《中共中央关于目前政治形势与党的任务的决议》，确立了建立抗日民族统一战线的路线和策略。这是中国共产党人在中华民族最危险的时刻作出的一个划时代的战略决策，也是我们党继遵义会议解决了军事、组织问题之后，又一次解决了党的政治路线问题。然而，这条正确的路线在随后不久就遭到王明等人的挑战。1937年11月，王明回国后凭借他在共产国际的影响和身份，对毛泽东制定的全面抗战路线发出诘难，提出"一切经过统一战线"的观点，并否认"独立自主的山地游击战"战略，使得党内认识一时出现了混乱。但毛泽东始终坚持自己的主张，在总结革命经验的基础上创作了《论持久战》等影响深远的著作。同时，中共中央委派任弼时赴苏联向共产国际汇报中国抗战的情况，直到1938年9月王稼祥返回延安并带回共产国际的意见，肯定了毛泽东提出的抗日民族统一战线政策的正确性，也肯定了毛泽东在中共中央的领袖地位。这次事件也让毛泽东深刻感受到"左"倾教条主义对中国革命的极大危害性。为了从思想认识上弄清是

第六章　延安时期主流意识形态话语权构建的经验启示

非，从1941年9月起，一场大规模的整风学习活动在全党普遍开展了。经过延安整风，党内思想达到了高度统一。1945年召开的中共七大，正式确立了毛泽东的领导核心地位。至此，以毛泽东同志为核心的第一代中央领导集体正式建立，为主流意识形态话语权构建提供了重要的组织保障。

其次，中国共产党不断推进马克思主义中国化的理论创新。马克思主义与时俱进的理论品质决定着，对它的理解和运用必须根据当时当地的实际情况进行调整和转移。原因在于马克思主义本土化发展必须依据具体国家和地区的实际情况而定，否则就无法促进这一科学理论在不同历史条件下的丰富和发展。以毛泽东为代表的中国共产党人在中国革命的实践中，也深知"马克思列宁主义之箭，必须用了去射中国革命之的"①，只有这样才能真正坚持和发展马克思主义。1938年10月，毛泽东在党的六届六中全会上首次明确提出"马克思主义中国化"的命题，指出："使马克思主义在中国具体化，使之在其每一表现中带着必须有的中国的特性，即是说，按照中国的特点去应用它，成为全党亟待了解并亟须解决的问题。"②回顾历史，中国共产党人在长期的革命实践中，经过遵义会议、整风运动、中共七大等重要会议和运动，最终确立了"毛泽东思想"作为全党指导思想，实现了马克思主义中国化的第一次历史性飞跃。延安时期，毛泽东等中国共产党人提出并构建了新民主主义革命理论等具有标识性意义的中国革命理论，为主流意识形态话语权构建奠定了坚实的理论基石。

再次，中国共产党践行全心全意为人民服务的根本宗旨。中国共产党人始终坚守共产主义远大理想和坚定信念，始终做到为中国人民

---

① 《毛泽东选集》第三卷，人民出版社，1991，第820页。
② 《毛泽东选集》第二卷，人民出版社，1991，第534页。

谋幸福、为中华民族谋复兴。长期以来，中国共产党坚持"从群众中来，到群众中去"的群众路线，始终依靠群众，发动群众，领导群众，保持与人民群众的血肉相连。1944年9月8日，毛泽东在为张思德举行的追悼大会上，第一次把中国共产党的一个重要品质凝练为："为人民服务"。1945年，毛泽东在七大政治报告《论联合政府》中强调："全心全意地为人民服务，一刻也不脱离群众；一切从人民的利益出发，而不是从个人或小集团的利益出发；向人民负责和向党的领导机关负责的一致性；这些就是我们的出发点。"[1]也是在党的七大上，"全心全意为人民服务"被正式写入党章。延安时期，在民族危难关头，中国共产党率先倡导并竭力维护抗日民族统一战线，领导全国各族人民进行了艰苦卓绝的抗日战争，建立起十几个模范的抗日民主根据地，以其"只见公仆不见官"的民主形象和工作作风，赢得了中国最广大人民群众的衷心拥护和支持，吸引着海内外向往光明的各界人士的目光，为主流意识形态话语权构建奠定了广泛的群众基础。

总之，中国共产党的领导是马克思主义话语权构建的根本保障。1945年刘少奇在七大《关于修改党章的报告》中指出："共产党人在人民群众的解放事业中，应该到处是、也只能是人民群众的引导者和向导"[2]。实践中，中国共产党一直对中国革命事业和社会主义建设事业起着引导和向导作用。因此，习近平总书记在党的十九大报告强调，中国共产党的领导是中国特色社会主义最本质的特征。2021年11月召开的十九届六中全会，把坚持党的领导作为中国共产党百年奋斗的历史经验之一，写进了《中共中央关于党的百年奋斗重大成就和历史经验的决议》。

---

[1]《毛泽东选集》第三卷，人民出版社，1991，第1094—1095页。
[2]《刘少奇选集》上卷，人民出版社，1981，第352页。

二、关键因素：话语体系创新

话语体系创新是马克思主义话语权构建的灵魂，是坚持马克思主义指导地位的必然要求。延安时期，毛泽东等中国共产党人在大力推进马克思主义本土化发展的历史过程中，在充分吸收中外先进文化的基础上，通过理论与实践相结合，创造出了符合中国需要、体现中国特色的话语体系，从而为主流意识形态话语权构建奠定了基础。

首先，推动话语主题的与时俱进。依据不同的社会发展阶段和时代特征设置正确的话语议题，是话语权构建的重要内容。延安时期，毛泽东根据革命和战争的时代背景，提出了"马克思主义中国化"的命题，为马克思主义话语权构建设置了话语议题，全党紧紧围绕革命问题展开理论研究和实践探索。1940年1月，毛泽东在《新民主主义论》一文中，围绕新民主主义革命的性质、任务、动力、步骤，以及新民主主义共和国建设纲领等重要问题展开了系统阐述，从而创立了新民主主义革命理论的话语体系，打破了国民党对三民主义的话语垄断，从此中国共产党人开始在自己构建的新民主主义革命话语体系下阐述自己的抗战主张，获得了关于中国革命的话语主动权。抗战结束后，中国社会发展的主题由战争转向新中国成立，话语主题也转向了人民民主制度建设。1949年6月，毛泽东在新中国成立前夕发表了《论人民民主专政》，标志着中国共产党关于人民民主专政话语的体系化构建基本完成。

其次，促进马克思主义理论话语的中国化转化。任何一种话语体系，只有符合本国实际，符合本国人民的根本利益，才能获得人民群众的接受和认同。延安时期，中国共产党人在充分利用传统文化话语元素的基础上，以新的概念和新的表达方式，对马克思主义、中国革命与建设实际进行中国风格的话语表达，构建了中国化的马克思主义理论体系，从而实现了马克思主义话语体系的中国化转换。具体表现在以下两个方面。第一，实现了社会主义革命到新民主主义革命话语体系的转换。虽然马克思、恩格斯、列宁的社会主义革命理论是中国共产党发动和领导中国革命的理论基础，但在革命早期中国共产党曾犯过的错误（包括"左"倾和右倾错误），令毛泽东等中国共产党人深刻认识到，中国半殖民地半封建的社会性质和中日民族矛盾上升为主要矛盾的现状，显示出中国革命的特殊性，规定着中国的革命既不同于苏联的社会主义革命，也不同于孙中山领导的中国旧式的资产阶级革命，而是新式的资产阶级革命，即"新民主主义革命"。毛泽东在《新民主主义论》等文章中，指出了中国革命的敌人、朋友和领导力量，这种"敌、我、友"的话语表述虽然形式上不同于马克思和恩格斯关于无产阶级的阶级斗争的经典话语，但在实际内容、基本精神上却同马克思主义革命理论是相同的，是对马克思主义革命理论的中国化话语表达。第二，实现了无产阶级专政到人民民主专政话语体系的转换。19世纪中期，马克思和恩格斯基于无产阶级革命的目的，用"无产阶级专政"话语阐述了无产阶级专政学说。20世纪初，列宁结合俄国革命实际，发展了无产阶级专政理论，形成了一套完整的无产阶级专政话语体系。然而20世纪中叶，在新中国成立前夕，毛泽东等中国共产党人提出并构建的人民民主专政话语体系，同样是在革命实践中形成并体现中国特性的一套无产阶级专政的话语体系。通过在专政前面加上"人民"的概念，拓宽了专政的主体范围，团结了一切进步力量，尤其是民族资产阶级的力量，从而发展了马克思主义"无产阶级专政"理论。人民民主专政话语体系在内容上比"无产阶级专政"更加科学和全面，在话语表达方式上更加具有民族特色和民族风格，因此能够更好地解释和指导中国革命实践。

再次，引领中国学术话语体系建设。延安时期马克思主义话语权构建，以其话语内容的科学性和话语体系的完整性，在与其他社会思潮的话语纷争中对马克思主义学术话语权构建也起着重要引领作用。延安时期，马克思主义还不是中国的主流意识形态，当时各种主义、思想、思潮纷呈。在中国共产党提出"马克思主义中国化"命题之后，延安时期的马克思主义者和先进知识分子，如艾思奇、胡绳、郭沫若、柳湜、潘梓年、嵇文甫、范文澜、李达等人，以对马克思主义的高度自信自觉，积极在哲学界、文学界、史学界、社会学界等领域构建马克思主义的学术话语权，在与胡秋原、周宪文、何炳松、叶青等国民党御用文人和知识分子的思想交流和话语论辩中，使马克思主义理论的真理性、科学性得以彰显，为主流意识形态话语权的最终确立提供了坚实的理论基础。因此，延安时期主流意识形态话语权的确立，离不开中国共产党领导下的马克思主义学术话语权构建，或者说这是一个双向互动和共同促进过程。2016年5月，习近平总书记在中国哲学社会科学座谈会上指出："坚持以马克思主义为指导，首先要解决真懂真信的问题。"[①]2022年5月，中共中央办公厅印发的《国家"十四五"时期哲学社会科学发展规划》再次强调，坚持马克思主义在我国哲学社会科学领域的指导地位。显然，延安时期中国共产党领导的主流意识形态话语权建设的理论和实践探索，为新时期构建中国特色的哲学社会科学学科体系、学术体系和话语体系提供了经验、启示。

三、重要前提：理论要大众化

理论大众化就是将马克思主义理论用人们能够理解的语言来阐释和表达，从而获得民众的认同和接受的过程。历史经验告诉我们，任何一种理论只有获得广大民众的接受并内化为他们的集体意志和自觉

---

① 习近平：《在哲学社会科学工作座谈会上的讲话》，《人民日报》2016年5月19日，第2版。

行为，才能彰显出该理论的长久生命力。因此，实现马克思主义大众化，是马克思主义话语权构建的重要前提。

毛泽东曾指出："马克思列宁主义的基本原则，就是要使群众认识自己的利益，并且团结起来，为自己的利益而奋斗。"[①]马克思主义理论能否被人民群众接受，关键在于能否真实反映并满足人民群众的利益。延安时期，中国共产党坚持以民为本的价值导向，在经济、政治、文化等方面实施一系列惠民政策，倡导调查研究、实事求是的工作作风，树立了良好的亲民形象，增强了马克思主义理论和话语的说服能力，获得了人民群众的支持和拥护。

延安时期，中国共产党依靠大量马克思主义理论家和知识分子，用通俗的语言文字、民族的话语风格、民间的艺术形式阐释马克思主义的基本原理，使马克思主义理论话语贴近大众的生活实际。毛泽东同志就是这方面的典范，他善于整合民族话语资源，引用历史典故向人民群众宣传马克思主义理论。如用"矛盾"来阐释对立统一规律，用"有的放矢"来形容理论和实践的关系；用"愚公移山"说明人的主观能动性和创造性，等等。这些话语表述及其阐述的道理，使理论话语具有了中国特色、中国作风和中国气派，很容易被中国老百姓理解和接受，增强了群众对党的方针政策的理解。

另外，延安时期，中国共产党借助多元化的传播载体，如报刊、广播、文艺等促进马克思主义大众化，通过创办冬学、夜校、读报组、识字班等教育形式，以及借助墙报、街头诗、戏剧、秧歌等宣传方式，拉近了党与广大工农群众之间的距离和感情，增强了马克思主义理论的亲和力和影响力。

总之，延安时期，中国共产党通过改造文风、密切联系群众，以

---

① 《毛泽东选集》第四卷，人民出版社，1991，第1318页。

通俗易懂、生动活泼、民族形式的语言讲述马克思主义，讲述边区和根据地的故事，赢得了人民群众对党的理论和政策的广泛认同，并且自觉地将科学理论应用于指导革命实践和边区建设，从而使得主流意识形态话语权得以确立。

四、基本途径：掌握舆论阵地

延安时期，面对国民党的舆论封锁，中国共产党为了宣传自己的政策、主张，消除海内外敌对势力对共产党和边区的污蔑，化解广大人民群众的误解，就必须主动作为、积极掌握报刊等舆论阵地的话语主动权。因此，掌握舆论阵地，是构建马克思主义话语权的基本方式。

中国共产党历来重视新闻报刊宣传工作，主张通过出版刊物来发动群众、影响群众、号召群众，宣传党的路线方针政策，传达党的工作任务。延安时期，为了适应革命形势的发展需要，中国共产党提出了"全党办报"的方针。在此背景下，大批报刊如雨后春笋般迅速发展起来。抗战时期，中国共产党在延安先后创办了《红色中华》（后更名为《新中华报》）、《解放》周刊、《解放日报》、《共产党人》、《边区群众报》等中文报刊以及《中国通讯》（Report From China）等外文刊物；在北平创办了《华北烽火》《长城》《国防》；在上海创办了《救亡日报》《抗战》等；甚至在国统区，周恩来等人还直接领导了《群众》周刊和《新华日报》的创刊；同时在海外创办的报刊有巴黎的《救国时报》、中国香港的《华侨通讯》和《华商报》等。1940年，延安新华广播电台建立，标志着党的新闻事业，除了报纸、通讯社外，还有了无线电广播这一新生的新闻传播媒介。抗战结束后，为了在舆论战线上揭穿国民党反动派发动反共内战的阴谋，中国共产党利用解放区的《晋察冀日报》、《人民日报》、《大众日报》、《新华日报》（华中版）、《东北日报》、《吉林日报》等报刊和广播电台，与国民党反动势力进行了舆论上的抗争,有力配合了解放军的政治军事行动。

延安时期,中国共产党通过报刊、通讯社、广播等媒体,传播了马克思主义思想,宣传了党的路线、方针和政策,掌握了舆论阵地的话语主导权,吸引了国内外众多人士的目光,使"万众瞩目清凉山",从而牢牢把握了马克思主义在意识形态领域的领导权。

第二节 延安时期主流意识形态话语权构建的现实启示

延安时期,马克思主义理论工作者和知识分子,在与各种理论、主义、思潮的话语纷争中,最终确立了主流意识形态话语权,不仅为增强社会主义意识形态话语权积累了历史经验,也对今天我们加强马克思主义话语权建设、推进中国特色社会主义理论话语体系的构建、凝聚实现中华民族伟大复兴中国梦的精神动力具有重要启示意义。

一、始终坚持党的全面领导

"话语是利益和权力的意义表达"①。一种话语体系要想得到社会公众认同,就要符合人民利益,为人民代言。因为,"理论一经掌握群众,也会变成物质力量。理论只要说服人,就能掌握群众;而理论只要彻底,就能说服人。所谓彻底,就是抓住事物的根本。而人的根本就是人本身。"②延安时期,以毛泽东为代表的中国共产党人所阐述的观点,之所以得到人民群众的接受和拥护,就在于它合乎了当时中国

---

① 赵士发、倪博闻:《毛泽东与抗日民族统一战线话语体系的构建——纪念抗战胜利70周年》,《理论视野》2015年第9期。
② 《马克思恩格斯文集》第一卷,人民出版社,2009,第11页。

最广大人民群众的利益。今天建设中国特色社会主义,我们党就要深入贯彻以人民为中心的发展思想,坚持全心全意为人民服务的根本宗旨,把人民群众对美好生活的向往作为自己的奋斗目标。党的十八大以来,以习近平同志为核心的党中央,运用马克思主义的立场、观点和方法正确解决了中国经济社会发展的实际问题,满足了人民群众的利益诉求,使人们逐渐获得对马克思主义的思想认同、政治认同、情感认同,提升了马克思主义的话语权。由于中国共产党始终是为人民代言、替人民发声的政党,其构建的话语体系无疑是人民意志的集中体现,因此,加强马克思主义话语权建设,必须坚持中国共产党的全面领导。

历史证明,任何政党要夺取政权并实现政权的长治久安,都必须做好意识形态工作。延安时期,以毛泽东为代表的中国共产党人非常重视加强党的思想建设,通过各种形式宣传党的路线、方针和政策,取得了主流意识形态话语权的确立。当前,随着改革开放的持续深入和社会的急剧转型发展,加上西方敌对势力不断地进行意识形态渗透,导致我国的舆论环境错综复杂,尤其是网络意识形态话语权的争夺更加激烈。进入新时代,加强马克思主义话语权建设面对的挑战比之前更加隐蔽和复杂,能否做好新时期的意识形态工作直接影响到中国特色社会主义事业的荣衰兴败,从本质上说,就是要不要坚持党的领导、坚持中国道路。苏联解体、东欧剧变的深刻教训警示我们,决不能放弃马克思主义、否定党的领导,必须坚定不移地走中国特色社会主义道路。可喜的是,党的十八大以来,以习近平同志为核心的党中央审时度势,将意识形态工作作为"党的一项极端重要的工作"加以重视,坚持和加强党对意识形态领域的全面领导,并以实际行动加强社会主义主流意识形态建设,重视社会主义核心价值观的弘扬,使得我国意识形态领域发生根本性、全局性转变,确保了意识形态话语权牢牢地掌握在我们党的手中。党的十九届六中全会通过的《中共中央关于党的百年奋斗重大成就和历史经验的决议》中将"坚持党的领导"放在十个坚持的历史经验的首位，这对于新时期加强马克思主义话语权建设提供了认识基础和科学指南。

二、努力创新话语表达方式

话语表达方式的不断创新和与时俱进，是推进话语体系构建、加强意识形态话语权建设的重要组成部分。延安时期，毛泽东提出的"马克思主义中国化""新民主主义""两步走""群众路线""三大法宝""各革命阶级联合专政"等诸多概念，构成了新民主主义的革命话语，使中国共产党获得了革命的话语权和主导权。[①]党的十八大以来，习近平总书记提出的"中国梦""补精神上的钙""把权力关进制度的笼子里""人类命运共同体"等贴近群众生活的话语表达，增强了话语的感染力、亲和力、渗透力，一经提出即被广大人民群众所接受。新时期我们加强马克思主义话语权建设，就要与时俱进地创新话语表达方式，不断推进话语体系的创新发展，实现马克思主义的中国化、时代化、大众化，用群众喜闻乐见、易于理解的大众化语言凝聚实现中华民族伟大复兴中国梦的精神动力。

新时期加强马克思主义话语权建设，创新话语表达方式，应该从历史维度、现实维度和发展维度出发，确保党的意识形态话语权沿着科学的路线前进。第一，要紧跟时代主题，进行话语内容创新。理论的科学性，集中体现在它能否正确回应时代提出的课题。同理，话语方式创新必须紧跟时代主题，解决时代提出的问题。延安时期，面对领导中国人民进行民主革命的重要使命，毛泽东等中国共产党人适时

---

① 李永进：《〈新民主主义论〉与中国革命话语体系的建构》，《社会主义研究》2014年第3期。

第六章　延安时期主流意识形态话语权构建的经验启示

提出了"马克思主义中国化"命题，创立了新民主主义革命理论，解决了中国的革命道路问题。新时代，党情国情世情与延安时期相比，已发生了深刻的变化，我们必须立足新的社会现实，进一步提炼标志性的话语概念，设置创新性议题。党的十八大以来，以习近平同志为核心的党中央科学分析世界发展趋势，紧扣和平与发展的时代主题，创新性地提出了"中国梦"与"世界梦"相互融通、"构建人类命运共同体""一带一路"倡议构想等一系列标志性话语概念，提升了马克思主义意识形态的引领力，占领了舆论领域的话语主导权。第二，要传承中华优秀传统文化，构建具有中国风格的话语体系。文化是话语的基础，话语是文化的产物。延安时期，毛泽东等中国共产党人承继中国历史文化思想的精髓，又大胆改革创新，在实践中创立了一套适应中国革命、体现中国风格的话语体系，赢得了人民群众对党的理论和政策的广泛认同。新时期，马克思主义理论工作者必须不断将马克思主义理论与中华优秀传统文化相结合，加快构建一套既体现中国人思维方式，又易于被国际社会理解和接受的话语体系，对外讲好中国故事，传播好中国声音，提升我国的国际话语权。第三，要坚持以人民为中心，满足人民群众正当的利益诉求。任何一种话语体系构建，唯有与人民的利益需要相对接，才能够获得人民群众的理解、接受和认同。延安时期，中国共产党紧密团结依靠广大人民群众，秉持为人民服务的价值立场，通过开展大生产运动、建立人民当家作主的抗日民主政权等措施，切实解决了人民群众关注的利益问题，从而得到了人民群众的支持和拥护。党的十八大以来，我国全面深化改革，积极改善社会民生，教育、医疗、住房、就业、食品安全、生态环境等关系人民群众切身利益的社会事业全面进步，努力让人民群众得到实惠，从而增强了马克思主义的现实说服力，坚定了人民群众对中国特色社会主义的"四个自信"。

三、积极发扬主动斗争精神

马克思主义具有科学性、真理性，但其话语权不是天生的、自封的，而是要靠主动作为才能取得和增强。延安时期，毛泽东针对资产阶级的"两面性"，提出并运用"以斗争求团结"的策略思想，正确认识和处理了与资产阶级的关系。同时，在党内与王明等错误思想路线进行斗争，在党外与假三民主义或伪三民主义进行话语论争，确立了新民主主义理论，坚持了党在统一战线中的独立自主原则。解放战争时期，中国共产党人利用报刊、广播等载体与国民党反动派开展了除军事之外的政治文化斗争，逐渐掌握了在舆论领域的话语主动权。这些斗争及其成果为党领导人民取得抗日战争和解放战争的最终胜利，奠定了坚实的理论基础，营造了良好的舆论环境。

新时代新征程呼唤新的斗争精神。习近平总书记在党的二十大报告中强调要坚持发扬斗争精神，"增强全党全国各族人民的志气、骨气、底气，不信邪、不怕鬼、不怕压，知难而进、迎难而上"，"依靠顽强斗争打开事业发展新天地"。[1]近年来，随着全球化的发展程度越来越高，以美英为首的西方国家利用网络等新媒体对我国民众进行意识形态渗透，不断挤压我国等发展中国家在国际上的话语空间。同时，我国正处于改革开放的持续深入和社会的急剧转型期，人们的文化价值观念日益多元化，社会思潮不断分化整合，各种非马克思主义甚至反马克思主义思潮呈蔓延之势，对马克思主义话语权建设提出了尖锐的挑战。

为了巩固马克思主义在意识形态中的指导地位，充分发挥马克思

---

[1] 习近平：《高举中国特色社会主义伟大旗帜 为全面建设社会主义现代化国家而团结奋斗——在中国共产党第二十次全国代表大会上的报告》，人民出版社，2022，第27页。

第六章　延安时期主流意识形态话语权构建的经验启示

主义对其他社会思潮的引领整合作用，我们必须发扬主动斗争精神。第一，要推进马克思主义的理论创新，积极应对西方话语的挑战。基于当前异常复杂的社会环境和国际局势，我们必须切实不断加强理论话语创新和创造，使理论联系实际，不断与时俱进，才能增强马克思主义理论话语的影响力。比如针对西方国家利用"民主""人权""平等""普世价值"等概念对我国发起诘难，习近平总书记创造性地提出了"全过程人民民主""中国式现代化""人类文明新形态""全人类共同价值"等新的理论和话语表述，增强了我国在国际社会的话语权。第二，要敢于同国内外各种错误思潮作斗争。在尊重差异、包容多样的前提下，我们要自觉划清马克思主义和非马克思主义的原则界限：对于新自由主义、"普世价值观"、历史虚无主义等违反重大原则是非的错误思想、思潮，要理直气壮地予以驳斥，要旗帜鲜明地亮出马克思主义的旗帜和底线；对于"台独""港独""藏独""疆独"等危及国家安全和核心利益的分裂活动，我们必须采取坚决的斗争姿态；国际上，面对某些国家单边主义、保护主义、霸权主义行径，我们也要站在文明正义的立场上开展斗争，维护世界人民共同利益，促进世界和平发展。第三，要善于运用网络等新媒体主动发声，引导舆论传播。在信息技术飞速发展的大数据时代，随着各种新媒体的兴起和快速发展，思想舆论领域变得异常活跃，打破了我国传统的媒介传播格局。但挑战和机遇并存，网络等新媒体也是一把"双刃剑"：一方面给我国的意识形态安全带来了严峻挑战，另一方面也拓宽了话语表达空间，丰富了意识形态传播范式，为新形势下加强马克思主义话语权建设提供了难得的发展机遇。在此背景下，党和政府工作人员要积极学习信息技术，运用好网络等新媒体这把"双刃剑"，在"三微一端"（微博、微信、微视、客户端）甚至自媒体平台上主动发声，防止各种错误理论、思潮和言论充斥网络空间，通过积极引导社会舆论传播，切实掌握马克思主义在新时代的话语权。

四、严格遵循科学构建规律

如前文所述，话语权发轫于语言学，借助语言的力量，体现说话的权力以及话语的影响力。毫无疑问，研究话语权主要是围绕"话语"展开。新时期加强马克思主义意识形态话语权建设，必须遵循科学的构建规律，包括系统的构建要素和严密的构建逻辑，等等。根据拉斯韦尔关于意识形态传播的"5W"理论，从微观上考察，加强马克思主义话语权建设，必须正确处理好——主体性要素（谁在说）、价值性要素（为谁说）、内容性要素（说什么）、策略性要素（怎么说）、评价性要素（说得怎么样）——这五个要素之间的逻辑关系。

第一，强大的话语主体是加强马克思主义话语权建设的基础。中国共产党全体党员以及马克思主义理论工作者（研究者和宣传者），作为意识形态话语权的主体要素，是马克思主义意识形态话语的主导者、阐释者和传播者，解决了"谁来做"和"谁来说"的问题。延安时期，中国共产党建立了一支高素质的马克思主义理论队伍，他们秉持对马克思主义的坚定信仰，对意识形态话语权构建的主体自觉，在理论与实践的结合中，对当时各种错误的社会政治思潮进行了坚决反驳，最终确立了主流意识形态话语权。新时期加强马克思主义话语权建设，我们党必须培养打造一批立场坚定、业务精良的马克思主义理论队伍，发挥意识形态工作和思想理论宣传人才的主观能动性、创造性，提升这些人员分析问题和解决问题的能力，能够科学精准研判复杂情形并迅速提出解决方案。另外加强培训，为加强马克思主义话语权建设提供人才支持和组织保障。

第二，正确的价值取向是加强马克思主义话语权建设的前提。马克思主义秉持"为绝大多数人谋利益"的价值立场，这是共产党人的行为准则，同时也是马克思主义意识形态话语权构建的价值要素和基

第六章　延安时期主流意识形态话语权构建的经验启示

础性要素，它进一步明确了代表谁的利益、"替谁说话"的问题。中国共产党自成立以来，就"始终把为中国人民谋幸福、为中华民族谋复兴作为自己的初心和使命"①。延安时期，毛泽东等中国共产党人坚决践行马克思主义的为民立场，以实际行动切实满足广大民众的利益需求，最终赢得了人民拥护。新时期，我们党必须坚持为人民服务的价值取向，把实现人民群众对美好生活的向往作为党一切工作的出发点和落脚点，想群众所想，忧群众所忧，急群众所急，以实际行动帮助群众排忧解难，切实改善民生，使广大人民群众感到满足、幸福、安全，才能为马克思主义话语权建设提供内在依据和价值定位。

第三，丰富的内容体系是加强马克思主义话语权建设的核心。按照马克思主义历史唯物主义的观点，经济基础和上层建筑之间存在着辩证关系，前者起决定作用，后者也对前者产生能动的反作用。这就预示着，不同历史阶段上的社会发展程度和党的任务，都决定了处于观念上层建筑的特定意识形态的建设目标和内容体系也是不一样的。因此，解决好"说什么"的问题是加强马克思主义话语权建设的核心。延安时期，党面临中国革命的历史任务，此阶段的话语主题、话语内容当然是围绕革命展开的，各种宣传标语、宣传口号也是具有革命色彩的话语风格，从而构建了新民主主义革命话语体系。进入新时代，我国现实的社会生活不断发展，出现了许多新情况新问题，这就要求我们紧紧围绕当代中国实践提出的重大理论和现实问题不断创新马克思主义话语体系，充分体现和反映中国取得的巨大成就、对人类文明发展的独特贡献，从而增强马克思主义理论话语的生命力、感召力和创造力。

第四，精准的实施路径是加强马克思主义话语权建设的关键。策

---

① 《中共中央关于党的百年奋斗重大成就和历史经验的决议》，人民出版社，2021，第1页。

略性要素解决的是"怎么说""怎么做"问题。选择怎样的实施路径，以何种渠道、平台丰富意识形态话语载体，是加强马克思主义话语权建设的关键。延安时期，主流意识形态话语权构建的实施路径主要包括：理论宣传、思想教育、政治学习等，这是针对当时工农群众知识水平、理解程度而采取的比较科学高效的意识形态传播方式，有效地帮助了广大群众及时掌握科学的世界观和方法论，真正认同了马克思主义。当今时代，以网络为代表的新媒体迅猛发展，我国的舆论环境、媒体格局已发生深刻变化，我们党的新闻舆论工作者必须适应这种变化，改变空洞说教、大水漫灌、千篇一律、自上而下的政治性宣传策略，依据目前绝大部分社会成员的思想基础和知识水平，转化意识形态话语表达方式，创新意识形态话语传播手段，丰富意识形态传播载体，以接地气的时代语言、广大群众喜闻乐见的话语传播手段、传统媒体与新兴媒介融合发展的话语传播体系，科学诠释马克思主义和中国特色社会主义理论，持续增强马克思主义理论话语的吸引力和凝聚力。

第五，先进的评价机制是加强马克思主义话语权建设的保障。话语权构建的评价性要素，是指话语接受对象或第三方对话语主体、话语内容、话语方式、话语效果等所作的主客观评价，解决的是"说得怎么样""做得怎么样"的问题，是加强马克思主义话语权建设不可或缺的环节。延安时期，中国共产党在陕甘宁边区以及各抗日根据地大兴调查研究之风，将马克思主义理论进行"民族形式"的转化，用大量中国传统语言赋予马克思主义以新的内涵。毛泽东在《反对党八股》、张闻天在《党的宣传鼓动工作提纲》、邓拓在《改造我们的通讯工作和报道方法》中，都对党的意识形态宣传工作进行了检验和校准。新时期，我们的意识形态工作到底做得怎么样，必须要以全体党员、社会成员和第三方的评价作为参考，对话语主体以及话语传播方式进行综合把握，根据时代要求、社会发展和人们的思想变动，按照"人民拥不拥护、赞不赞成、支不支持"作为衡量标准，对马克思主义话语权建设方面的问题及时进行查漏补缺、改错纠错、调适完善，从而巩固党的执政基础，进一步维护国家的安全稳定。

参考文献

[1]马克思恩格斯选集：第1－4卷[M].北京：人民出版社，2012.

[2]马克思恩格斯全集：第3卷[M].北京：人民出版社，2002.

[3]马克思恩格斯文集：第1卷[M].北京：人民出版社，2009.

[4]列宁选集：第1－4卷[M].北京：人民出版社，2012.

[5]毛泽东选集：第1－4卷[M].北京：人民出版社，1991.

[6]毛泽东文集：第1、2卷[M].北京：人民出版社，1993.

[7]毛泽东文集：第3、4卷[M].北京：人民出版社，1996.

[8]毛泽东文集：第7卷[M].北京：人民出版社，1999.

[9]中共中央文献研究室.毛泽东年谱（1893－1949）（修订本）：上、中、下卷[M].北京：中央文献出版社，2013.

[10]邓小平文选：第1、2卷[M].北京：人民出版社，1994.

[11]邓小平文选：第3卷[M].北京：人民出版社，1993.

[12]习近平谈治国理政：第2卷[M].北京：外文出版社，2017.

[13]习近平谈治国理政：第3卷[M].北京：外文出版社，2020.

[14]习近平谈治国理政：第4卷[M].北京：外文出版社，2022.

[15]习近平.高举中国特色社会主义伟大旗帜 为全面建设社会主义现代化国家而团结奋斗——在中国共产党第二十次全国代表大会上的报告[M].北京：人民出版社，2022.

[16]倪光辉.习近平在全国宣传思想工作会议上强调 胸怀大局把

握大势着眼大事 努力把宣传思想工作做得更好[N].人民日报，2013—08—21（1）.

[17]习近平.在哲学社会科学工作座谈会上的讲话[N].人民日报，2016—05—19（2）.

[18]中共中央文献研究室.陈云论党的建设[M].北京：中央文献出版社，1995.

[19]张闻天文集：第3卷[M].北京：中央党史出版社，1994.

[20]张闻天.神府县兴县农村调查[M].北京：人民出版社，1986.

[21]陈独秀文集：第2卷[M].北京：人民出版社，2013.

[22]陈独秀文章选编：中册[M].北京：生活·读书·新知三联书店，1984.

[23]李大钊文集：下[M].北京：人民出版社，1984.

[24]中国李大钊研究会.李大钊全集：第2卷[M].北京：人民出版社，2006.

[25]林伯渠文集[M].北京：华艺出版社，1996.

[26]王明言论选集[M].北京：人民出版社，1982.

[27]刘少奇选集：上卷[M].北京：人民出版社，1981.

[28]徐则浩.王稼祥传[M].北京：当代中国出版社，1996.

[29]章学新.任弼时传（修订本）[M].北京：中央文献出版社，2000.

[30]胡乔木.胡乔木回忆毛泽东[M].北京：人民出版社，1994.

[31]程思远.我的回忆[M].北京：华艺出版社，1994.

[32]中共中央关于党的百年奋斗重大成就和历史经验的决议[M].北京：人民出版社，2021.

[33]中央档案馆.中共中央文件选集（1934—1935）：第10册[M].北京：中共中央党校出版社，1991.

[34]中央档案馆.中共中央文件选集（1936—1938）：第11册[M].

北京：中共中央党校出版社，1991．

[35]中共中央文献研究室，中央档案馆．建党以来重要文献选编（1921－1949）：第15－18册[M]．北京：中央文献出版社，2011．

[36]中共中央文献研究室．三中全会以来重要文献选编：下[M]．北京：人民出版社，1982．

[37]张宝明．新青年：哲学卷[M]．郑州：河南文艺出版社，2016．

[38]蔡尚思．中国现代思想史资料简编：第3、4卷[M]．杭州：浙江人民出版社，1983．

[39]魏宏远．中国现代史资料选编[M]．哈尔滨：黑龙江人民出版社，1981．

[40]《延安民主模式研究》课题组．延安民主模式研究资料选编[M]．西安：西北大学出版社，2004．

[41]中共中央党史研究室．中国共产党历史：第一卷（1921－1949）：上、下册[M]．北京：中共党史出版社，2002．

[42]中共中央党史研究室．中国共产党的九十年：新民主主义革命时期[M]．北京：中共党史出版社，党建读物出版社，2016．

[43]李忠杰．领航：从一大到十九大[M]．北京：人民出版社，2017．

[44]共和国走过的路：建国以来重要文献选集（1949－1952）[M]．北京：中央文献出版社，1991．

[45]西北五省区编纂领导小组，中央档案馆．陕甘宁边区抗日民主根据地[M]．北京：中共党史资料出版社，1986．

[46]魏宏远．抗日战争与中国社会[M]．沈阳：辽宁人民出版社，1997．

[47]梁星亮，姚文琦．中共中央在延安十三年史：上、下册[M]．北京：中央文献出版社，2016．

[48]中共中央在延安：一个马克思主义政党的崛起[M]．北京：人民出版社，2019．

[49]马朝琦．话说延安精神[M]．西安：陕西人民出版社，2017．

[50]中共延安市委统战部.延安时期统一战线史料选编[M].北京：华文出版社，2010.

[51]王纪刚.这里是延安：中国共产党对外如何讲好革命故事？[M].北京：人民出版社，2019.

[52]王纪刚.延安1938[M].西安：太白文艺出版社，2018.

[53]何其芳.何其芳文集：第2卷[M].北京：人民文学出版社，1982.

[54]荣敬本，罗燕明，叶道猛.论延安的民主模式：话语模式和体制的比较研究[M].西安：西北大学出版社，2004.

[55]黄炎培.八十年来[M].北京：中国文史出版社，1982.

[56]杨奎松.国民党的"联共"与"反共"[M].北京：社会科学文献出版社，2008.

[57]全国哲学社会科学话语体系建设协调会议办公室.中国特色哲学社会科学构建与话语体系创新（2017）[M].北京：社会科学文献出版社，2017.

[58]陈锡喜.马克思主义：意识形态和话语体系[M].上海：华东师范大学出版社，2011.

[59]杨昕.中国共产党意识形态话语权研究[M].北京：社会科学文献出版社，2015.

[60]杨恩泽.延安时期中国共产党文化领导力建设研究[M].北京：人民出版社，2020.

[61]张瑾，等.抗战时期中国共产党在重庆的舆论话语权研究[M].重庆：重庆出版社，2015.

[62]秦燕.延安时期马克思主义大众化实践研究：以根据地农民教育为中心[M].北京：中国社会科学出版社，2018.

[63]王涛.马克思主义在中国是怎样传播的[M].杭州：浙江工商大学出版社，2019.

[64]礼记[M].上海：上海古籍出版社，2016.

[65]石佩臣.教育学基础理论[M].长春：东北师范大学出版社，1996.

[66]郭庆光.传播学教程[M].北京：中国人民大学出版社，1999.

[67]俞吾金.意识形态论（修订版）[M].北京：人民出版社，2009.

[68]施旭.什么是话语研究[M].上海：上海外语教育出版社，2017.

[69]卢永欣.语言维度的意识形态分析[M].北京：社会科学文献出版社，2013.

[70]韩晓青.《新民主主义论》导读[M].北京：中共中央党校出版社，2018.

[71]萧延中.外国学者评毛泽东：从奠基者到"红太阳"：第2卷[M].北京：中国工人出版社，1997.

[72]王治河.福柯[M].长沙：湖南教育出版社，1999.

[73]福柯.话语的秩序[M].肖涛，译.北京：中央编译出版社，2001.

[74]福柯.知识考古学[M].谢强，马月，译.北京：生活·读书·新知三联书店，2007.

[75]葛兰西.狱中札记[M].曹雷雨，姜丽，张跣，译.北京：中国社会科学出版社，2000.

[76]费尔克拉夫.话语与社会变迁[M].殷晓蓉，译.北京：华夏出版社，2003.

[77]巴赫金.周边集[M].李辉凡，张捷，等译.石家庄：河北教育出版社，1998.

[78]斯诺.西行漫记[M].董乐山，译.北京：外语教学与研究出版社，2005.

[79]史华慈.中国的共产主义与毛泽东的崛起[M].陈玮，译.北京：中国人民大学出版社，2006.

[80]韩素音.周恩来与他的世纪（1898－1998）[M].北京：中央文献出版社，1992.

[81]斯坦.红色中国的挑战[M].马飞海，章蟾华，王楚良，译.上

海：上海译文出版社，1999.

[82]费正清.剑桥中华民国史：第2部[M].章建刚，等译．上海：上海人民出版社，1992.

[83]贝尔登.中国震撼世界[M].邱应觉，茂皎，沈寿源，等译.北京：北京出版社，1980.

[84]卡尔.20年危机（1919—1939）：国际关系研究导论[M].秦亚青，译.北京：世界知识出版社，2005.

[85]李博.汉语中的马克思主义术语的起源与作用[M].赵倩，王草，葛平竹，译.北京：中国社会科学出版社，2003.

[86]小川芳男.实用英语词源辞典[M].孟传良，等译.北京：高等教育出版社，1994.

[87]侯惠勤.意识形态话语权初探[J].马克思主义研究，2014（12）5—12.

[88]侯惠勤.意识形态话语权建设方法论研究[J].中共贵州省委党校学报，2016（2）5—11.

[89]张国祚.关于"话语权"的几点思考[J].求是，2009（9）43—46.

[90]冯广艺.论话语权[J].福建师范大学学报（哲学社会科学版），2008（4）54—59.

[91]曹天航.中国共产党巩固马克思主义话语权的历史进程与经验启示[J].河海大学学报（哲学社会科学版），2015，17（1）：9—13.

[92]刘先春，关海宽.马克思主义意识形态优势话语权的当代建构[J].上海行政学院学报，2010，11（3）：22—29.

[93]赵士发.毛泽东与中国共产党的话语体系[J].毛泽东思想研究，2016，33（6）：19—23.

[94]赵士发，倪博闻.毛泽东与抗日民族统一战线话语体系的构建——纪念抗战胜利70周年[J].理论视野，2015（9）13—16.

[95]李永进.《新民主主义论》与中国革命话语体系的建构[J].社会主义研究,2014(3):47-54.

[96]孙瑛辉.毛泽东"以斗争求团结"策略思想论析[J].毛泽东邓小平理论研究,2020(10):40-47.

[97]唐爱军.从"革命"到"建设"——马克思主义中国化的话语体系转换[J].上海师范大学学报(哲学社会科学版),2015,44(2):14-20.

[98]周直.毛泽东与中共话语体系的建构[J].毛泽东思想研究,2021,38(5):65-72.

[99]周连顺.制度设计与马克思主义优势话语权的建构——以新中国成立初期为中心[J].科学社会主义,2013(4):63-67.

[100]周连顺.中国共产党建构马克思主义话语权的实践与经验[J].马克思主义研究,2021(5):43-51.

[101]周连顺,张若男.近年来国内马克思主义话语权研究述评[J].马克思主义研究,2016(9):115-127.

[102]蒋积伟.抗战时期新民主主义话语的建构[J].党的文献,2015(4):88-95.

[103]陈金龙.论中国特色社会主义话语权的建构[J].思想理论教育,2015(3):8-12.

[104]李亚彬.马克思主义中国化中的话语和话语权问题——以两次飞跃为例[J].哲学研究,2015(6):6-10.

[105]王路坦.毛泽东意识形态领导权、管理权和话语权思想探析[J].湖湘论坛,2017,30(2):74-78.

[106]漆调兰.延安时期"学术中国化"运动再阐释[J].广西社会科学,2018(10):135-140.

[107]漆调兰,马启民.国内关于延安时期中国共产党马克思主义话语权建构的研究述评[J].现代哲学,2017(5):57-63.

[108]刘晓伟.延安时期中国共产党的新闻舆论引导力建构[J].编辑之友,2019(5):93—99.

[109]耿苗苗.延安时期中国共产党意识形态话语权建设及当代启示[J].南方论刊,2022(3):110—112.

[110]张艳国,修安萍.延安时期中国共产党话语建构的历史经验及鲜明特征[J].学习与实践,2022(7):15—23.

[111]高九江,韩琳.延安时期马克思主义中国化形成的历史条件[J].广西社会科学,2010(3):69—72.

[112]王增钦.抗战时期中共中央南方局外事工作的历史作用考察[J].湘潮(下半月),2012(10):1.

[113]漆调兰.延安时期中国共产党马克思主义话语权建构研究[D/OL].西安:陕西师范大学,2018[2019—11—16].https://kns.cnki.net/KCMS/detail/detail.aspx?dbname=CDFDLAST2019&filename=1019220764.nh.

[114]刘琳琳.中国共产党的马克思主义意识形态话语权建构研究[D/OL].北京:中共中央党校,2018[2019—01—16].https://kns.cnki.net/KCMS/detail/detail.aspx?dbname=CDFDLAST2019&filename=1019007021.nh.

[115]李永进.毛泽东新民主主义革命话语研究[D/OL].北京:清华大学,2017[2019—01—16].https://kns.cnki.net/KCMS/detail/detailaspx?dbname=CDFDLAST2019&filename=1018876175.nh.

[116]丛小平.左润诉王银锁:20世纪40年代陕甘宁边区的妇女、婚姻与国家建构[J].开放时代,2009(10):62—79.

[117]FOUCAULT,M. The Archaeology of Knowledge&The Discourseon Language[M]. New York Pantheon,1972.

[118]APTERD,SAICHT. Revolutionary Discoursein Mao's Repub-

lic[M].Cambridge: Harvard University Press, 1994.

[119]Johnson, Chalmers.Peasant Nationalismand Communist Power: the Emergence of Revolutionary China1937—1945[M]. Stanford: Stanford University Press, 1962.

[120]CHENYF.Making Revolution: The Communist Movement in Easternand Central China[M].Berkeley: Univ of California Press, 1986.

[121]WITTFOGEL, k.The legend of "Maoism" [J]. The China Quarterly, 1960 (1): 72—86.

[122]WITTFOGEL, k.The legend of "Maoism" [J]. The China Quarterly, 1960 (2): 16—31.

[123]LiuYu.Maoist Discourse and the Mobilization of EmotionsinRevolutionary China[J].Modern China, 2016, 36 (3): 329—362.

后 记

这部书是我2020年承担的陕西省社会科学基金项目研究成果（立项号为：2020A017），从立项到完成历时3年多时间。在此期间，教学、科研工作繁重而忙碌，但对于课题研究不敢有丝毫懈怠，只是期望自己在学术研究方面能有更多的收获。

当前，国际形势深刻严峻、社会环境复杂多变、经济形态日益多样、舆论格局纷繁复杂，这些都造成意识形态领域斗争异常激烈纷乱，社会主义意识形态安全面临诸多严峻挑战。在中国日益走向强盛的同时，世界范围内不时会有一些"噪音""杂音"出现，"中国威胁论""中国崩溃论""中国趋同论"等抹黑中国的套路络绎不绝。基于此，巩固马克思主义在意识形态领域的指导地位、维护社会主义意识形态安全、提升我国的国际话语权，成为摆在我们面前的一项重要课题。延安时期主流意识形态话语权构建，是中国共产党在推进马克思主义民族化、时代化、大众化过程中取得的重大成就之一，积累了非常宝贵的历史经验，对于新形势下加强马克思主义话语权建设具有重要启示价值。对于这一课题的研究，虽然历经艰辛、彷徨、痛苦，但也时常感觉到愉悦、满足、振奋。特别是每当自己感悟到延安时期中国共产党人在各种话语论争中对马克思主义坚定执着、对革命事业矢志不渝的精神风貌时，都会激发出作为一名马克思主义的学习者、研究者、实践者在新时代的责任感和使命感。

衷心感谢在本书的写作过程中给予我热情帮助的各位师友。

感谢陕西师范大学袁祖社教授对我长期的关心和帮助，他的鼓励与支持是我在学术研究方面不断前进的动力。

本书的出版得到了西安外国语大学学术著作出版专项资助。感谢我所在工作单位西安外国语大学的诸位同事。马克思主义学院院长张亲霞教授为课题的研究思路提出了许多非常有价值的意见；科研处的袁菁、熊华宁等老师为我的写作、科研提供了诸多便利。

感谢陕西人民出版社关宁副总编审、韩琳编审、张现编辑等老师为本书出版的辛勤付出，他们的信任和细致为本书质量提供了有力保障。

在此还要感谢我的家人，和谐融洽的家庭氛围给了我追逐梦想的资本，不论顺境还是困境，他们始终如一地支持、包容、安慰、鼓励我，促使我在学术道路上不言放弃、勇敢前行。

由于本人能力和水平有限，书中纰漏在所难免，敬请读者批评指正。

伍云亮
2023年初夏于西安